SIÉGE DE PARIS.

LA GARDE NATIONALE

AUX AVANT-POSTES.

LA GARDE NATIONALE DEVANT L'ENNEMI.

SIÉGE DE PARIS.

LA GARDE NATIONALE

AUX AVANT-POSTES,

SENSATIONS D'UN FUSILIER.

LA GARDE NATIONALE DEVANT L'ENNEMI,

SENSATIONS D'UN BLESSÉ.

PAR

JULES MORET.

(Extrait de la Feuille de Provins).

PARIS,

J. TARIDE, Libraire, rue de Marengo, 2.

PROVINS,

LEBEAU, Imprimeur-Libraire.

1873.

Au Lecteur.

De visu et de sensu.

Après Champfleury, qui a raconté les *Sensations de Josquin*, voici quelques récits qui diront les sensations d'un fusilier. Leur auteur fut, pendant le siége de Paris, soldat dans une compagnie de guerre de la garde nationale. Il a tenu, au jour le jour et sans dessein d'en entretenir le public, des notes à l'aide desquelles il a rédigé ces pages. Mais, il se hâte de l'avouer, ses récits sont tout personnels, intimes ; il ne décrit que ce qu'il a vu, ce qu'il a éprouvé, ce qu'il a senti ; et la sphère d'un soldat est, comme chacun sait, fort limitée. Il n'émettra point de théories transcendantes sur l'art de faire la guerre, et malgré la grande expérience qu'il a pu acquérir des choses militaires dans l'escouade de sa compagnie, il formulera peu ou prou de critiques sur les faits d'armes auxquels il a assisté ou dont il a entendu parler. Il n'est point non plus dans l'intention, bien que ce soit fort de mode aujourd'hui, d'enchérir sur ce qu'on est convenu d'appeler la *trahison* des « Hommes du Quatre Septembre. » Il tient, au contraire, ces hommes en son estime, car il ne peut consentir à oublier qu'ils firent œuvre patriotique et ne désespérèrent point de la France, et aussi parce qu'au risque de compromettre à jamais la forme politique dont ils étaient l'expression, ils n'ont pas craint, pour sauver l'honneur du pays, d'accepter la responsabilité du pouvoir dans une situation calamiteuse.

Non! ces pages n'ont d'autre prétention que de raconter confidemment ce qu'a pu ressentir, au cours du siège de Paris, un paisible citoyen demeuré jusque-là étranger au métier des armes, pour qui les mystères de l'école de peloton étaient aussi impénétrables que ceux d'Eleusis ou d'Isis, et qui s'est trouvé tout à coup dans les rangs d'une compagnie, sous un numéro matricule.

Mais l'auteur a des scrupules. Il n'ignore pas qu'Hégésippe Moreau a dit :

> Le *moi* présomptueux de Montaigne ou de Sterne
> Est mal reçu venant d'un auteur subalterne.

Il sait cela. Et il est bien confus de mettre ainsi son frêle personnage dans les confidences du public : il en demande pardon au lecteur.

Il se résume :

Un général doit avoir des émotions ; un officier peut recevoir des impressions ; un simple fusilier, instrument inconscient, n'éprouve que des sensations.

Ce sont ces sensations que l'auteur va analyser.

SIÉGE DE PARIS.

LA GARDE NATIONALE AUX AVANT-POSTES.

SENSATIONS D'UN FUSILIER.

I.

> Marche! Marche!
> (Bossuet.)
> Marche! Marche!
> (Le Juif errant.)
> Marche!
> (Ecole du Soldat.)

Départ du bataillon pour les avant-postes. — Le clairon sonne. — Le sac du fusilier. — Scrutin et pavois; premiers Francs et gardes nationaux. — Par le flanc droit. — Le joug de la compagnie. — Voici le sabre, le sabre... — Organisation militaire du bataillon. — Chants du départ. — Sur la place de l'Hôtel-de-Ville. — Les joies du pouvoir. — Extra muros. — Adieux! — Un mot de Vermersch.

Je m'éveillai en sursaut le 23 novembre 1870 au matin.

Un clairon passa dans la rue et sonna une fanfare d'appel en y ajoutant le refrain spécial du bataillon, bien connu de mes oreilles : c'était une mélodie courte, étrange, s'arrêtant brusquement sur la dominante ; si la dominante appelle la tonique, le clairon appelle aux armes. Je sautai sur les miennes, et bientôt, équipé depuis les guêtres jusques au képi, je descendis dans la rue et me dirigeai vers la maison du capitaine où était le lieu de la réunion.

Mon équipage était lourd. Je marchais pesamment, comme un guerrier antique couvert de son armure. C'était, il faut le dire, la première fois que je revêtais un harnachement aussi compliqué. Le sac surtout était de poids ; c'était un monument que j'avais édifié dès la veille avec une sollicitude spéciale. Il était bondé à éclater. La couverture et la toile de tente étaient roulées au-dessus et sur les les côtés, et les bâtons et piquets fixés à gauche, suivant l'ordonnance. Le tout était dominé par un pain rond, une gamelle et un grand bidon qui faisait partie de la batterie de cuisine de l'escouade et dont le caporal, dans son omnipotence, m'avait chargé. Tout cela était réjouissant à voir, mais douloureux à porter. Mes épaules en étaient meurtries, et je crois bien qu'Atlas devait porter le monde sur les siennes avec plus de désinvolture.

J'arrivai devant une opulente maison et pénétrai

dans une cour spacieuse où la compagnie était réu-
nie, attendant le capitaine issu de nos suffrages.

En ce temps, pour sacrifier aux idées démocra-
tiques modernes, on évoquait simplement les us
et coutumes des âges primitifs. En face d'un ennemi avide de progrès, discipliné, faisant la guerre
d'après les procédés les plus scientifiques, on
croyait opportun de faire de l'archéologie militaire
et d'imiter les premiers Francs : les combattants
élevaient eux-mêmes leurs chefs sur le pavois.

Le suffrage universel avait été le pavois de notre
capitaine. La compagnie, séduite par ses convictions républicaines (il sortait de la Garde), par la
façon martiale dont il savait commander le carré
contre la cavalerie et par une banderolle écarlate
dont il se ceignait le flanc, l'acclama. Ce fut d'ailleurs un très-bon choix et nul n'eut jamais à le
regretter.

La compagnie s'alignait peu à peu en bataille.
Les sergents comptaient les files.

Le capitaine demeurait, comme je l'ai dit, dans
la maison : il en était le concierge. Honni soit qui
mal y pense !

Il sortit tout à coup de ses foyers, et faisant
irruption dans la cour, toisa la compagnie d'un
coup d'œil rapide. Il mâchonna aussitôt avec éclat :

— Gard' vô... P'l'ton ! Par le flanc droit...
oite ! En avant... Marche !

Et la compagnie s'ébranla.

Le capitaine était radieux. Sa ceinture paraissait plus écarlate que jamais. Il ne l'eut point échangée à cet instant contre la pourpre. Toutes les fenêtres étaient ouvertes, et les locataires de la maison considéraient avec un ébahissement non équivoque le capitaine dans toute la majesté de son commandement.

La compagnie franchit la porte : elle passait sous le joug...

Quand les dernières files furent dans la rue, le capitaine fit rompre la compagnie par sections et marcha à son rang. Il y eut chez les voisins des effarements inénarrables.

Le sabre de Monsieur Prud'homme fut un bien beau jour. Hélas ! il était éclipsé !

Nous arrivâmes en bon ordre sur une place où était convoqué le bataillon tout entier.

Le bataillon était composé de douze compagnies : huit compagnies sédentaires qui avaient pour attribution particulière le service des différents postes dans la ville et la garde de l'enceinte fortifiée et des bastions, et quatre compagnies de guerre destinées au service des avant-postes et, le cas éché-

ant, à prendre part aux opérations militaires né-
cessitées par la défense.

Chaque compagnie sédentaire comprenait 100 à
200 hommes environ, et le nombre de ses officiers
variait suivant son effectif.

Chaque compagnie de guerre comptait 125
hommes, y compris le capitaine, le lieutenant, le
sous-lieutenant, le sergent-major, le fourrier, 4
sergents, 8 caporaux, ce qui donnait pour l'effectif
général de l'ensemble des quatre compagnies de
guerre un chiffre de 500 hommes.

Un chef de bataillon, assisté de deux adjudants
majors, l'un pour les compagnies sédentaires et
l'autre pour les compagnies de guerre, réunissait
ces douze compagnies sous son commandement.

Quand il quittait Paris à la tête de ses compagnies de guerre, il laissait le commandement des
compagnies sédentaires à un capitaine de son
choix.

Telle était, en substance, l'organisation militaire
d'un bataillon de la garde nationale pendant le
siége de Paris, après la création des compagnies de
guerre ; cette organisation n'eut à subir qu'une
modification particulière, que nous indiquerons
par la suite, lors de la formation des *Régiments de
Paris*, comprenant chacun seize compagnies de
guerre puisées dans quatre bataillons différents.

***

Sur la place où la compagnie venait d'arriver, tout le bataillon était convoqué.

Les compagnies de réserve avaient tenu à faire des adieux à leurs camarades des compagnies de guerre qui se rendaient pour la première fois aux avant-postes et à les accompagner jusqu'aux portes de la ville.

Le commandant, à cheval, mit la colonne en marche.

La musique du bataillon précédait, venaient ensuite les compagnies de guerre, et enfin les compagnies sédentaires.

La musique jouait la *Marseillaise*; les compagnies sédentaires chantaient sur l'air des *Girondins : Mourir pour la Patrie;* les compagnies de guerre ne chantaient rien.

La pluie tombait. Les fusiliers, accablés sous leur fourniment de campagne, marchaient un peu avec l'allure des coursiers d'Hippolyte.

Nous traversâmes la place de l'Hôtel-de-Ville où siégeaient les Membres du Gouvernement. Le bataillon s'arrêta instinctivement. Un Membre du Gouvernement descendit aussitôt, passa les compagnies en revue, exprima quelques paroles patriotiques et remonta auprès de ses collègues.

Le bataillon, satisfait, continua son chemin.

*
* *

Ce n'était pas une sinécure que d'être Membre du Gouvernement de la Défense nationale. On a reproché aux courageux citoyens qui le composaient d'avoir tenu le pouvoir dans des visées personnelles et d'une façon dictatoriale. Mais tout homme qui portait un fusil, un sabre, n'importe, était plus tyran qu'eux. C'était une autre puissance : il manifestait. Il venait sur la place de l'Hôtel-de-Ville, il demandait la Commune, la guerre à outrance, la trouée ou autre chose. Un Membre du Gouvernement descendait à la hâte, l'apaisait, l'appelait : mon ami, et l'homme s'en allait en grognant, à demi-satisfait, pour revenir quelques jours après. Que de fois ce fantoche de Flourens ou ce sinistre Blanqui sont venus, jetant l'épouvante dans Paris, avec leurs légions farouches armées jusqu'aux dents, poser sur cette fameuse place des ultimatums au Gouvernement avec des cartouches comme *ultima ratio !* Il y avait toujours un Membre chargé d'aller flatter le lion populaire et de lui passer une main caressante sur la crinière hérissée. Quelle besogne ! Ah ! mes amis, si le pouvoir donne des joies bien vives, convenez qu'elles ne sont pas parfois sans amertume. Quels calices souvent... et quelle lie !

Le bataillon suivait sa route. Il atteignit la porte

de Charenton : le pont était baissé. Le poste sortit, prit et présenta les armes ; nous lui rendîmes les honneurs ; les tambours battaient aux champs.

Le moment était venu de se séparer des compagnies sédentaires. Les adieux se firent dans une plaine bordant extérieurement les fossés de l'enceinte. Ils furent simples, touchants et empreints d'une certaine grandeur civique. Les sentiments partagés par tous ces citoyens étrangers les uns aux autres, vivant chacun dans une condition différente, mais réunis en cette occasion dans une même pensée, exprimaient un fervent et sincère patriotisme.

En France tout finit, dit-on, par des chansons ; quelquefois, et suivant les cas, cela finit par des *tournées* : on courut aux cantines, et depuis le *litre* jusqu'au *demi-setier*, en passant par la *chopine* et le *cintième,* toute la gamme diatonique et chromatique des mesures de capacité fut bientôt épuisée.

Il ne faut jamais médire de son prochain, mais il y avait bien après cela quelques fusiliers qui étaient aussi *émus* que s'ils venaient d'assister aux adieux de Fontainebleau et vu Napoléon en personne se jeter dans les bras du général Petit.

On sonna le rassemblement. Le bataillon sédentaire rentra en ville et les quatre compagnies de guerre poursuivirent leur itinéraire, traversant des villages abandonnés, crénelés sur toutes leurs faces, suivant des routes dépouillées de leurs ..., ou bien longeant des chemins coupés de barricades où se tient de faction quelque mobile grelottant.

Beaucoup d'entre nous, heureux de pouvoir prendre enfin leur part active dans les travaux de la défense, avides d'inconnu, quittaient Paris l'esprit léger et libre. Mais d'autres n'étaient pas sans soucis : ils laissaient dans la ville, au foyer triste et froid, en proie à toutes les exigences de la vie et aux privations d'un tel moment, une famille, des enfants dont ils étaient souvent le soutien unique et naturel. Le cœur s'emplit d'émotion quand il considère des séparations aussi déchirantes, et rend un éclatant hommage à tous ceux qui, par devoir ou par dévouement, ont été soumis à de tels sacrifices. De pareils faits honorent un peuple. Le peuple de Paris, railleur, étourdi, frivole, sceptique, est et sera, malgré ses défauts et les calomnies dont on l'abreuve, toujours épris d'idéal. Il a, quoi qu'on en ait pu dire, la foi de la patrie ; et le culte de cette abstraction peut développer chez lui en certains cas et jusqu'au paroxysme les sentiments les plus généreux et engendrer dans son sein les héros les plus purs, qui savent tomber pour leur idée, ignorés souvent, calomniés parfois : La mort n'est point une excuse, a dit Vermersch.

Je salue ces héros inconnus comme les *dei ignoti* des anciens.

II.

> ... J'étais là, telle chose m'advint.
> (LA FONTAINE. *Les deux Pigeons.*)

Au cantonnement. — Domicile élu. — Cuisine de l'escouade. — Le brouet de Lacédémone. — Viens, belle nuit! — Le rocher de Sisyphe du troupier. — Les avant-postes. — La tranchée. — Le lièvre et la sentinelle. — En faction. — Vénus! — ARRÊTÉ, nuit, temps où l'on erre. — Les rondes d'officiers. — Le caporal de pose.

Nous arrivâmes, vers quatre heures de l'après-midi, à Maisons-Alfort, village situé en avant du fort de Charenton, entre la Seine et la Marne, et où nous devions prendre nos cantonnements.

La compagnie prit logement dans une maison abandonnée, et la 6ᵉ escouade, dont je faisais partie, eut en partage le rez-de-chaussée d'un petit pavillon au fond d'un jardin.

Le lieu n'était ni séduisant ni confortable : quatre murs nus et un carrelage froid. J'y pénétrai pourtant avec délices et me débarrassai, non sans une satisfaction bien évidente, de mon fusil et de mon sac, car la marche avait été rude et longue.

L'heure était arrivée de songer au repas du soir, celui du matin n'étant plus qu'un lointain souvenir. J'étais très-inquiet d'apprendre comment nous allions sortir de cette épreuve. J'ignorais si les rangs de l'escouade renfermaient un Vatel quelconque, ayant les moindres notions culinaires. J'avoue que, pour mon compte, la science de Berchoux ou du baron Brisse m'était tout à fait étrangère.

Ce n'était pas le matériel qui nous faisait défaut : le *campement* (c'est le mot) officiel de l'escouade comprenait deux marmites, deux gamelles et deux grands bidons, ce à quoi nous avions ajouté, car il faut tout prévoir, une machine à écraser et un appareil à distiller le café, une hachette et une scie.

En marche, chaque fusilier portait un de ces instruments ; le caporal ne portait rien.

Toute cette batterie de cuisine gisait à terre, atone, sans mouvement, au milieu de la pièce. Je la considérais mélancoliquement et me demandais avec angoisse où était le Pygmalion qui allait animer cette ferblanterie et lui communiquer la vie. Mais, ô bonheur ! un maître-queux se révéla qui, le feu préalablement allumé, parvint à réaliser, à l'aide des vivres de campagne qu'on venait de distribuer, un brouet des plus frugals.

J'en eus ma part dans ma gamelle et la dévorai en Spartiate et avec toutes les réflexions que pouvait comporter un tel repas.

L'ordre étant pour le lendemain de prendre les armes à la première heure pour se rendre aux avant-postes, chacun se disposa au sommeil. Je m'enroulai dans ma couverture, à terre, ma toile de tente étendue en manière de matelas, la tête appuyée sur mon sac.

Et Morphée, fils de la nuit, vint répandre ses pavots somnifères sur la 6° escouade.

*
* *

A l'aube, la diane nous éveilla.

Il fallut rouler la couverture, replier la toile de tente, refaire le sac.

Cette besogne insipide se renouvelle chaque matin et plus souvent quelquefois, suivant les cas imprévus. Le sac est le cauchemar du troupier en campagne. Quand il ne le fait pas il le défait, et quand il ne le défait pas il le porte. C'est son rocher de Sisyphe ; c'est heureusement aussi pour lui un précieux *vade mecum*, son arche sainte, comme l'a dit Nadaud en parlant du fantassin :

> Son fourniment est un peu lourd,
> Mais dans son sac il porte l'arche...

Après le café et les ablutions, la compagnie se mit en marche et sortit du village.

Les tranchées, dont la garde nous était confiée, étaient situées en avant de Maisons-Alfort et reliaient le **Port-à-l'Anglais** sur la **Seine**, à **Créteil** sur la **Marne**.

Elles étaient protégées dans leur étendue par des maisons isolées, percées de meurtrières et servant de postes et d'abris aux hommes de garde, par des épaulements ménagés pour l'artillerie et par la ferme dite *Notre-Dame des Mèches*, mise en état de défense, crénelée sur ses diverses faces et où pouvait se retrancher une forte réserve d'infanterie.

Les tranchées consistaient en un fossé de 1 m. 50 c. environ de largeur sur 1 m. de profondeur. La terre rejetée du côté de l'ennemi en plan incliné formait l'épaulement derrière lequel s'abritaient les factionnaires. Une banquette de terre était pratiquée à mi-hauteur dans toute la longueur de l'épaulement. Sur la face du fossé, opposée à l'épaulement, étaient ménagés de distance en distance des pas d'escalier pour occuper ou abandonner rapidement la tranchée.

Les hommes de garde étaient en cas de soudaine attaque protégés par des soutiens établis en arrière dans des maisons et s'appuyant eux-mêmes sur les forces cantonnées à Maisons-Alfort.

Les postes que nous venions relever étaient occupés par de la troupe d'infanterie.

L'emploi de la garde nationale pour le service des avancées offrait, en effet, comme avantage immédiat, de rendre à la disposition entière des généraux les troupes actives embrigadées, et, tout en procurant à celles-ci un peu de repos, de faciliter l'entreprise des opérations militaires.

Nous nous répandîmes dans la tranchée en baissant la tête pour échapper à la vue de l'ennemi. Le fantassin que je remplaçai me donna la consigne : « Observer, ne point tirer sans ordres. » Je montai sur la banquette et, me couchant à terre sur l'épaulement, je considérai l'espace.

— Ainsi, pensai-je, Paris finit là, où je suis. Au-delà, devant moi, ce n'est plus Paris, ce n'est plus la France : ce sont possessions conquises. La Prusse y règne en maîtresse, en vainqueur. Les Allemands souillent ce sol généreux et sacré. O rage !

En face, à droite, s'étendait une plaine jusqu'à Villeneuve-Saint-Georges ; à gauche, s'élevait une colline, en pente douce : le mont Mesly.

A quelques centaines de mètres, les Wurtembergeois avaient fixé leurs retranchements parallélement aux nôtres. Leurs avancées du mont Mesly étaient dominées par des batteries d'artillerie que tenaient en respect les forts de Charenton et d'Ivry, la redoute de la Gravelle, les canonnières embossées dans la Seine, au Port-à-l'Anglais, et les batteries de Vitry et de Maisons-Alfort.

J'y distinguai des officiers au casque brillant, couverts de grands manteaux noirs et braquant des longues-vues sur nos positions.

Un camarade, M. de P..., était près de moi; je voulus les lui faire remarquer, mais son attention était tenue en suspens par une toute autre cause. Un lièvre qui, malgré La Fontaine, ne paraissait point *rongé par la crainte*, et qui savait sans doute qu'en cette néfaste année la chasse n'était point ouverte, broutait paisiblement à quelque distance de la tranchée. M. de P..., grand chasseur devant l'Eternel, ne put résister au désir de lui envoyer une balle. Cette détonation mit le poste en émoi. Les officiers accoururent dans la tranchée, et après s'être enquis de la raison de ce coup de feu, le capitaine, sévère, mais juste, infligea à l'infortuné Nemrod deux jours de garde du camp. Pour comble de disgrâce, le *mélancolique animal* qui, comme dans la fable, *mettait l'alarme au camp*, détalait sans cérémonie : il court encore.

La nuit vient tôt en cette saison. Elle arriva noire, froide, triste : une nuit de novembre, une nuit d'avant-postes. Peu d'étoiles au ciel. Vénus, la belle Vénus,

. . . . dont la douce clarté,

2

> Comme un souvenir de jeunesse
> Allume au cœur la volupté,

y brillait pourtant du plus vif éclat.

Pourquoi cet astre cher aux poètes et aux amants, cette lumineuse étoile où s'attachent tant d'idées de bonheur, apparaît-elle en de telles nuits de deuil ? Que ne se voile-t-elle la face pendant ces temps troublés, pour n'éclairer le ciel qu'à des époques plus prospères et plus douces !

On doubla les factionnaires. Je fus placé non loin d'une barricade coupant la route qui va de Créteil au carrefour Pompadour.

La faction durait deux heures.

Deux heures seul, dans la nuit, immobile, couché à terre, sans un mot, sans un geste, le fusil au poing, guettant l'ennemi, en embuscade, à l'affût, les yeux devant soi, perçant l'ombre, l'oreille tendue, au milieu d'un silence de tombe heurté par les bruits sourds et confus de toute nuit : J'eus conscience à cet instant d'une sensation nouvelle, étrange, âcre et non sans grandeur.

Parfois la fusillade éclate au loin, à droite et à gauche : nos grand'gardes échangent des balles avec les postes ennemis ; un sifflement prolongé passe au-dessus de nos têtes et en même temps une détonation se fait entendre : c'est un obus qu'un de nos forts envoie sur les positions allemandes. Les Prussiens dirigent sur la route de Choisy-le-

Roi à Versailles de longs convois d'artillerie ou d'approvisionnements, dont le roulement vient jusqu'à nous. Un de nos officiers, faisant une ronde, suit silencieusement la tranchée ; il produit, comme signe de ralliement, un bruit métallique en frappant de la main trois fois sur le fourreau de son sabre ; trois coups donnés sur la crosse du fusil lui répondent.

Enfin, des chuchottements de voix étouffées glissent dans la tranchée : c'est le caporal qui vient avec ses hommes relever les factionnaires. L'on rentre alors au poste, secouer son engourdissement, devant un feu allumé dont la lumière paraît si vive que les yeux habitués à l'obscurité en peuvent tout d'abord difficilement supporter l'éclat.

J'eus, en cette première nuit, pour mes débuts, occasion de faire six heures de faction.

Six heures !!

III.

Far niente!

(AL. DUMAS. *Le Corricolo.*)

Réformes culinaires. — Aphorisme de Brillet-Savarin à modifier. — Les Tirailleurs de Belleville. — Les Sang-Impurs. — Gustave Flourens. — Les héros du 31 octobre. — Bon souper, bon gîte, et le reste... — Un Eden. — L'escouade ouvre ses salons. — Littérature et musique mêlées. — Le programme, demandez le programme!

Le lendemain **25** novembre, une compagnie nouvelle vint relever notre poste.

Nous rentrâmes à Maisons-Alfort où nous reprîmes nos cantonnements.

Nous avions des modifications à apporter à notre organisation culinaire. Le cuisinier que l'escouade avait investi de sa confiance laissait à désirer. Il ne savait point tirer un parti raisonnable des vivres dont nous disposions. C'était un officier de bouche trop savant; il était trop artiste. Nul doute que dans un laboratoire complet, au milieu de tous les appareils que le progrès fournit à la gastronomie, à l'aide des condiments les plus variés et avec les mille ressources qu'offre à l'art culinaire la science ou la nature, il n'eût obtenu les entremets les plus raffinés et les plats sucrés les plus délicats; mais mis en tête à tête avec du riz, de l'eau et un peu de sel, il était absolument incapable d'en faire jaillir quelque mets succulent.

C'est qu'en pareil cas, pour faire la vulgaire *popote*, il faut plus que du savoir, mais de l'intelligence, et plus que de l'intelligence, mais de l'imagination, de l'inspiration. Il s'agit de faire de rien quelque chose, c'est-à-dire créer; enlever au ciel une parcelle de feu; être Prométhée.

« On devient cuisinier, mais on naît *popotier*. »

L'apophthegme de Brillat-Savarin doit être ainsi modifié.

J'ai remarqué, en effet, que les cuisiniers de profession étaient souvent inaptes à la cuisine de campagne. Ils ne se sentent plus sur leur terrain et semblent privés de leurs moyens d'action. Tel autre, au contraire, ignorant de tout savoir gastronomique, possède en lui l'intuition de la chose et sait obtenir, à l'aide des ingrédients les plus simples ou les plus imprévus, des pots au feu d'une exquise saveur.

Les fortes têtes de l'escouade tinrent, en si grave matière, conseil sous la présidence du caporal. On convint que chacun mettrait la main à la pâte et serait *de cuisine* à son tour. J'opinai du képi et me promis bien, pour le jour où cette faveur m'échouerait, de retenir, si faire se pourrait, mon dîner à la cantine.

***

Dans la journée, on signala l'arrivée à Maisons-Alfort des *tirailleurs de Belleville*.

J'étais bien aise de voir de près cette troupe turbulente dont j'avais souvent entendu parler et sortis à cet effet. Le bataillon marchait dans un complet désordre, vociférant à tue-tête des hymnes patriotiques, les rangs mêlés, officiers et soldats confondus dans une même ivresse, la vraie, la bonne : celle du marchand de vin. Ce spectacle était désolant ; j'en fus navré. Ce bataillon appartenait à la garde nationale ; il la déshonorait déjà et contribuait, avec quelques autres *ejusdem farinæ*, à répandre sur elle, aux yeux de l'armée et de la garde mobile, une défaveur qui atteignait le corps tout entier.

Ces *tirailleurs* avaient été équipés et armés par les soins de Gustave Flourens. Ils prirent avec lui une part active à l'affaire du 31 octobre. Ils parvinrent à cerner l'Hôtel-de-Ville et tinrent prisonniers les Membres du Gouvernement. Flourens, debout sur une table, le sabre en main, les gardait à vue dans la salle du conseil. Il fut dépossédé de son commandement après cette échauffourée. Les tirailleurs de Belleville ne comptaient comme antécédents militaires que cette brillante expédition. Ils n'en réclamaient pas moins la *guerre à outrance*, mais avec la Commune, comme entrée de jeu.

Leur arrivée produisit rumeur à Maisons-Alfort.

Ils s'établirent suivant leurs caprices, dans les habitations abandonnées, rebelles à tout ordre, à toute discipline.

Le commandant de place de Maisons-Alfort consigna les troupes à sept heures pour leur éviter tout contact avec eux.

J'augurai mal de ces *sang-impurs*. Et je ne fus point surpris de ce qui arriva par la suite et ce dont nous fûmes témoins, ainsi que je le raconterai ultérieurement.

*
* *

Le dimanche 27 novembre, la compagnie changea de casernement; elle prit possession d'une jolie maison de campagne entre cour et jardin. Notre escouade fut logée avec la 5ᵉ dans une vaste salle au rez-de chaussée. Nous pûmes nous procurer des nattes de paille dont les maraîchers font usage; nous en fîmes nos lits de repos. Des tables, des chaises, et même un fauteuil dont le caporal s'empara, complétaient l'ameublement. Des fleurs d'hiver en pots préparèrent la décoration qu'acheva une guirlande de lierre festonnant le long des murs. Quand l'installation fut achevée, ce séjour nous parut délicieux; il nous sembla un Eden. Nous convînmes de l'inaugurer le jour même avec pompe et de pendre la crémaillère d'une façon éclatante. Nous prîmes le parti *d'ouvrir nos salons* et de convier la compagnie pour le soir, après l'appel, à une fête aussi musicale que littéraire, dans nos nouveaux appartements.

Nous dressâmes aussitôt le programme de la soirée, que je reproduis dans toute sa candeur :

SOIRÉE
MUSICALE ET LITTÉRAIRE

Offerte par la 5e et la 6e escouades
à la 4e compagnie de guerre du   bataillon de la garde
nationale.

Convocation pour 7 heures.
CAFÉ à 7 h. 1/2.

Charges, clauses et conditions :

1º Les fusiliers qui n'auront point d'habits pourront se présenter en bras de chemise.

2º Cette faculté sera étendue jusqu'aux supérrrrrieurs.

3º Les femmes, s'il y en a, pourront être décolletées ; la conversation jouira de la même faveur.

4º On fumera dans les narghilés à bouts ambrés. Toutefois les pipes profiteront des immunités les plus larges et seront assimilées au *calumet de paix* ci-devant et actuellement *calumet de guerre*.

PROGRAMME.
Ire PARTIE.

J'ai tout appris, de *Faust.*   GOUNOD.

La fraternisation des 5e et 6e escouades, air de flûte improvisé et exécuté par le fusilier   X...

Croque-er ou le dernier des Paladins, chanté par Finster (fusilier).

Intermède.
Pluie de Cognac, Inondation de Rhum, Déluge de Liqueur des Iles.

2e PARTIE.

Ultima verba, des *Châtiments.*   V. HUGO.

Tout s'efface, chansonnette.

Pandore ou les deux Gendarmes, avec chœur
par les deux escouades.   NADAUD.

PUNCH PYRAMIDAL.

Les invités de tous grades qui se trouveront incommodés
auront la faculté d'aller considérer,

Dans la nuit brune,
Sur le clocher jauni,
La lune
Comme un point sur un i.

3e PARTIE.

Le Roi s'amuse, tirade de Saint-Vallier.   V. HUGO.

Polka des Obus, pour la flûte, composée, rou-
coulée et sifflée par le fusilier   X...

Le Mineur, pour baryton.

Répertoire imprévu de chacun des amateurs.

La Marseillaise, avec chœur final.

Extinction des feux.

Un exemplaire de ce programme, orné d'ara-
besques et festonné d'allégories habilement dessi-
nées par un de nos camarades, sculpteur de talent,
parvint au commandant qui, avec les officiers de
son entourage, ne dédaigna point, au cours de la
soirée, d'y faire une bienveillante apparition.

La chose se passa conformément au programme.
Tout le monde applaudit, excepté les obus qui sifflaient par dessus la maison.

A huit heures et demie, les feux étaient éteints,
et les 5e et 6e escouades se plongeaient, sous les
mêmes lambris, dans un sommeil plein de douces
chimères et de tendres rêveries.

IV.

> Allons! enfants de la patrie,
> Le jour de gloire est arrivé.
> (*La Marseillaise.*)

Alerte à minuit. — Aux armes! — Pas gymnastique. — — Hauts faits des Tirailleurs. *— La lutte à outrance. — 1,500 Saxons. — Sauve qui peut. — Ivres et morts. — Éclaboussures de la honte. — Frères et amis. — La garde nationale devant l'armée. — Sa réhabilitation. — Mot d'un soldat.*

A minuit, le cri : « Aux armes! » retentit.

On s'éveille en sursaut. Qu'y a-t-il? Chacun est aussitôt sur pied, car il est défendu de quitter ses chaussures et ses vêtements. La compagnie se forme à la hâte dans la cour. Le capitaine donne à voix basse et précipitée les commandements. Nous partons au pas gymnastique et sortons de Maisons-Alfort du côté de l'ennemi. A quelque distance de la route, nous entrons dans un champ boueux que nous suivons parallèlement à cette route. De quoi s'agit-il? Où allons-nous? Nul ne le sait. Nous marchons à pas lents, longtemps, muets, l'œil et l'oreille au guet, sur une terre détrempée par la pluie.

Enfin nous arrivons dans une tranchée que nous occupons solidement.

Nous eûmes alors l'explication de cette alerte. Cette tranchée venait d'être abandonnée par ceux qui en avaient la garde, par les *Tirailleurs de Belleville*, qui s'étaient enfuis dans toutes les directions.

Ceux qu'on rencontrait et qu'on arrêtait pour les conduire au poste de Maisons-Alfort, assuraient qu'ils venaient d'être assaillis par 1,500 Saxons. Pure fable, imagination, mensonge ou mirage! Mais il y avait des cadavres dans les fossés.

La vérité (et elle fut clairement établie par l'instruction judiciaire à laquelle cette affaire donna lieu) est que les tirailleurs, pris de vin, inexpérimentés, faisant bravade, avaient, la nuit venue, tiré sans nulle raison en tous les sens et, par malheur, les uns sur les autres. Il en était résulté une telle confusion, des cris, une obscure mêlée, un tel désordre, qu'ils pensèrent être réellement attaqués et dirigèrent leurs balles de tous les côtés : des mobiles de garde à la barricade de la route furent gravement atteints.

Les officiers n'ayant sur de telles gens aucune autorité efficace, et indignes pour la plupart de tout commandement, furent impuissants à rallier leurs hommes, et, personne ne se rendant compte de ce qui se passait, chacun s'enfuit.

On voulut de suite apprécier la vraisemblance de la pseudo-attaque alléguée par les tirailleurs, et deux reconnaissances furent dirigées dans le but de vérifier le terrain en avant de nos lignes, l'une commandée par le sous-lieutenant et l'autre par le sergent-major. Ces reconnaissances s'avancèrent assez loin ; elles furent conduites avec sang-froid et hardiesse et établirent d'une façon concluante que les 1,500 Saxons évoqués par les tirailleurs n'étaient que des fantômes de leur affolement ou des chimères de leur cerveau, alcoolisé à trop haute pression.

Nous occupâmes la tranchée jusqu'au matin, et à sept heures des chasseurs à pied vinrent nous relever.

*
* *

Mais quels déboires nous attendaient à Maisons-Alfort ! La défense y avait réuni, en vue des opérations militaires qu'elle allait bientôt entreprendre, des troupes de toutes armes qui, connaissant le lâche abandon des *Tirailleurs de Belleville*, dont nous portions le costume, nous confondaient avec eux et nous accablaient d'outrages d'autant plus sensibles et plus cuisants pour nous, qu'ils étaient plus immérités. L'animation des mobiles surtout, dont les camarades avaient été atteints, était à son comble. J'avais le cœur brisé et n'osai sortir de la journée.

Ce fait, suivi de quelques autres, contribua à mettre en suspicion la garde nationale toute entière, non-seulement vis-à-vis de l'armée, mais aussi vis-à-vis des généraux, qui n'osèrent rien tenter avec elle ou qui, contraints de le faire, ne l'employèrent, celui-ci, qu'avec une extrême réserve, celui-là, qu'avec une répugnance manifeste. Il est impossible d'apprécier ce que cet état de choses a pu avoir d'influence sur le sort définitif de Paris.

Je ne me sens pas le courage d'en faire un reproche aux chefs d'armée. Connaissant mal Paris, au point de vue moral, à l'égard de sa population surtout, si variée, si différente suivant les quartiers, ils ne savaient point séparer l'ivraie du bon grain et étaient naturellement enclins à juger, d'après des faits particuliers et isolés, des dispositions générales de toute la garde nationale.

Mais il faut flétrir hautement les lâches, les insoumis, les ivrognes et les factieux qui, par leur déplorable attitude et leur esprit de révolte, ont contribué à compromettre et déprécier leurs concitoyens, aussi bien aux yeux de l'armée et des hommes modérés qu'aux yeux des généraux soucieux de leur renom, de leur dignité, et gardiens vigilants de leur honneur militaire.

⁎
⁎ ⁎

La garde nationale sut pourtant montrer ce qu'elle pouvait entreprendre et surprit alors bien des gens. Le 19 janvier suivant, le commandant de la citadelle du Mont-Valérien, le général Noël, un brave qui ne connaissait la garde nationale que par les gredins qui la déshonoraient, voyant les bataillons escalader Montretout, s'écria :

— Mais ils vont bien ces cochons-là !

C'est le mot d'un soldat. La garde nationale l'a recueilli avec émotion : il est son éloge et aussi sa réhabilitation.

V.

..... Paulo majora canamus.

Virgile.

*Composition de l'armée de défense de Paris. — Prolégo-
mènes de la bataille de Champigny. — Démonstrations
et diversions. — Objectifs du général Ducrot. — Les
ponts de bateaux. — Contre-temps fatal. — Opérations
du général Vinoy. — L'Hay et la Gare-aux-Bœufs. —
Les marins et la garde nationale.*

Le lendemain 29 novembre, le bataillon prit les
armes de bonne heure et se tint de piquet dans
les rues du village, au milieu d'une canonnade furieuse. Les projectiles se croisaient en tous sens.
Les forts du sud couvraient d'obus les positions
ennemies ; la redoute de la Gravelle et le fort de
Charenton dirigeaient un feu violent sur les ouvrages du plateau de Montmesly, que prenaient
encore à revers les canonnières sillonnant la Seine,
en avant du Port-à-l'Anglais.

A cette époque, les forces de Paris se divisaient
en trois armées :

La première armée, sous les ordres du général
Clément Thomas, comprenait 266 bataillons de
marche de la garde nationale. Mais à cette date,
ces bataillons étaient loin d'être entièrement équi-

pés et armés et ne pouvaient pour la plupart encore entrer en ligne. L'effectif de cette première armée n'était donc, provisoirement, que nominal.

La deuxième armée avait pour chef le général de division Ducrot. Elle était fractionnée en trois corps d'armée comprenant chacun trois divisions, le premier commandé par le général Blanchard, le deuxième par le général Renault, et le troisième par le général d'Exéa.

Le total de l'effectif de cette deuxième armée était d'environ 105,000 hommes.

Composée des troupes des 13ᵉ et 14ᵉ corps qui venaient d'être licenciés et des meilleurs régiments de la garde mobile, elle était plus particulièrement destinée aux opérations offensives. Le régiment des mobiles de Seine-et-Marne avait l'honneur d'en faire partie. Il comptait dans la première division, général de Bellemare, du 3ᵉ corps.

La troisième armée était commandée par le général Vinoy. Elle comprenait six divisions et environ 70,000 hommes; mais elle ne possédait point d'artillerie de campagne et son effectif, composé de troupes hétérogènes, était disséminé sur tous les points de nos lignes investies. Sa concentration était des plus pénibles, et l'absence d'artillerie la rendait impuissante à toute action vigoureuse. Il faut ajouter à cette nomenclature la garnison de Saint-Denis, forte d'environ 35,000 hommes, formant un corps d'armée spécial sous les ordres du vice-amiral de La Roncière Le Noury, plus le corps d'armée de Vincennes, général Ribourt (environ 10,000 hommes); enfin, les garnisons du Mont-Valérien et des autres forts.

Tel était approximativement l'état de l'armée de défense dont disposait Paris au 29 novembre.

***

De grands événements militaires allaient s'accomplir.

Nous apprenons que des proclamations affichées le matin dans les rues de Paris, annoncent pour le jour même des opérations considérables. Toutes les troupes sont sous les armes. Les portes de la ville sont fermées. Soixante bataillons de guerre de la garde nationale sont dirigés sur le terrain de l'action. La population est anxieuse et frémissante.

Le général Ducrot, à la tête de toutes les forces de la deuxième armée, protégé par une puissante artillerie de position, secondé par une nombreuse artillerie de campagne, doit franchir la Marne et porter son action dans l'Est.

Des ordres de diversions et d'attaques sont donnés aux commandants des autres troupes dans toute l'étendue du périmètre de l'investissement, pour favoriser l'entreprise de la deuxième armée.

Au nord, le vice-amiral de La Roncière Le Noury, commandant la subdivision de Saint-Denis, reçoit l'ordre de s'emparer, à sa gauche, du village d'Epinay, et d'occuper, à sa droite, le Drancy, en avant d'Aubervilliers.

A l'ouest, les généraux de Liniers et de Beaufort d'Hautpoul (2ᵉ et 3ᵉ divisions de mobiles de la troisième armée), qui occupent la presqu'île de Gennevilliers, doivent faire le simulacre de jeter un pont sur la Seine en face l'île Marante et faire une démonstration, avec le concours du général Noël, commandant le Mont-Valérien, sur Buzenval et au-dessus de la Malmaison.

Au sud, le général Vinoy, chef de la troisième armée, a sous ses ordres toutes les troupes cantonnées depuis Issy jusqu'au Port-à-l'Anglais. Il doit prendre les dispositions nécessaires pour attaquer la Gare-aux-Bœufs sur le chemin de fer d'Orléans, devant Choisy-le-Roi, s'emparer du village de L'Hay et surveiller Châtillon. Toutes ces opérations doivent commencer simultanément le 29, au matin.

Le général Ducrot avait à l'est, comme premiers objectifs, les villages de Nenilly-sur-Marne, Bry-sur-Marne et Champigny, et comme seconds objectifs, Noisy-le-Grand, Villiers-sur-Marne, Cœuilly et Chennevières.

Dans la nuit du 28 au 29, l'ingénieur en chef des ponts-et-chaussées, M. Krantz, fut chargé d'établir sur la Marne, entre Joinville-le-Pont et l'île de Beauté, sous la protection de la redoute de la Faisanderie, des hauteurs de Vincennes et du fort de Nogent, plusieurs ponts pour le passage de la deuxième armée sur la rive gauche. Mais les équipages de pont, remisés dans le bassin de Charenton et remorqués péniblement par le canal voûté de Saint-Maur, ne purent remonter assez rapidement, sous les arches du pont de Joinville, détruit au moment de l'investissement, le courant de la Marne rendu très-violent en cet endroit par les débris du pont qui obstruaient le passage de l'eau.

Circonstance à jamais regrettable et dont il est impossible d'envisager aujourd'hui les conséquences.

Les ponts ne purent être jetés en temps opportun, et le mouvement de l'armée du général Ducrot fut ajourné au lendemain.

Cependant le général Vinoy, qui ne put être prévenu assez tôt de ce retard, exécutait sur la rive gauche de la Seine, devant nos positions du sud, les ordres qu'il avait reçus.

Il faisait attaquer vigoureusement le village de L'Hay par la division Maud'huy (du 2ᵉ corps de la deuxième armée et mise à sa disposition en cette circonstance), comprenant quatre régiments d'infanterie et le régiment des mobiles du Finistère, forte de 17,000 hommes, et pourvue de pièces de campagne.

Le feu était ouvert à cinq heures et demie du matin.

En même temps, le contre-amiral Pothuau, commandant la subdivision des forts du sud, armés par la marine, enlevait vaillamment avec ses braves marins et les 116ᵉ et 106ᵉ bataillons de guerre de la garde nationale (commandants Langlois et Ibos) la Gare-aux-Bœufs, de Choisy-le-Roi, et s'y maintenait avec vigueur.

Nous n'étions séparés que par la Seine de ce champ d'opérations, et nous en pouvions suivre les diverses péripéties.

Vers neuf heures, le général Vinoy reçut avis du contre-temps éprouvé par le général Ducrot. Ses diversions devenant sans objet, il ordonna au général Maud'huy de se replier, et les troupes purent effectuer leur retraite sous la protection des redoutes des Hautes-Bruyères et du Moulin-Saquet. Il fit évacuer la Gare-aux-Bœufs dans la journée.

Cette démonstration rendue stérile avait coûté 30 officiers et 983 hommes de troupes, tués, blessés ou disparus.

VI.

Bataille! mes amis, bataille!

(P.-L. Courier. *Correspondance.*)

Trente novembre. — Combat de Montmesly. — Baptême du feu. — Salut à la balle. — En tirailleurs. — Les mitrailleuses. — Bataille de Champigny. — Mort du général Renault. — Le général Ducrot. — Bouc émissaire. — L'homme propose. — Nous sommes lâches! — Imprécations d'Hernani.

Trente novembre; le temps est splendide et clair. Le froid est vif. Les ponts sont jetés. Les troupes de la deuxième armée sont en marche.

Nous prenons position aux premières lueurs du jour à Notre-Dame-des-Mèches.

Le fort de Charenton et les batteries fixes couvrent de leurs feux les ouvrages ennemis de Montmesly.

La division Susbielle, du 2ᵉ corps de l'armée du général Ducrot, retranchée dans Créteil, doit s'en emparer après l'action de l'artillerie et occuper le plateau pour, de là, gagner Chennevières. Elle forme, selon toute vraisemblance, l'extrême droite de l'immense ligne de bataille du général Ducrot.

Elle est forte de quatre régiments seulement, les 115e, 116e, 117e et 118e de marche, et compte 8,000 hommes environ. Ses généraux de brigade sont le général de la Charrière, qui devait trouver dans cette journée une mort glorieuse, et le général Lecomte, qui fut tué le 18 mars.

Son artillerie s'établit en arrière de nos tranchées, dissimulée par les murs de la ferme, et balaye à toute volée les flancs de Montmesly et l'espace compris entre le hameau de Mesly et le carrefour Pompadour.

Tout à coup le silence se fait, le feu cesse.

Les troupes, au même instant, se démasquent. Elles sortent de Créteil, en avalanches, par toutes les issues, et formées en colonnes d'attaque, gravissent au pas gymnastique, avec un élan admirable, dans un ordre parfait, les pentes de Montmesly. Le soleil brillait. Les armes étincelaient comme au carrousel, les clairons sonnaient la charge et les tambours les suivaient sur un rythme précipité. Spectacle saisissant et nouveau dont jamais je ne perdrai le souvenir.

En même temps nous franchissons les épaulements des tranchées et marchons en avant, déployés en tirailleurs. Nous protégeons une batterie de mitrailleuses alignée en bataille.

Par la position du combat et la nature du terrain, nous sommes à la droite de l'action, et les mitrailleuses que nous précédons surveillent le flanc gauche de l'ennemi dont les forces, évitant le carrefour Pompadour et longeant la Seine, pourraient chercher à nous tourner.

La division Susbielle atteint bientôt le haut de la colline, culbute les Wurtembergeois, enlève et occupe la redoute.

L'ennemi, surpris, recule jusqu'à Villeneuve-Saint Georges où il établit une puissante artillerie ; il canonne alors les positions qu'il vient de perdre. En même temps il reçoit des renforts ; une nombreuse infanterie descend par la route de Choisy-le-Roi, contourne la position et semble vouloir déborder notre flanc droit.

Le général Susbielle, écrasé par une artillerie furieuse et par des forces supérieures, essaye de lutter ; mais il s'épuise en de suprêmes et inutiles efforts. Il juge la situation, fait replier ses troupes et ordonne au commandant des mitrailleuses d'appuyer la retraite.

Nous nous portons vivement en avant. Aussitôt les colonnes ennemies qui contournent le versant de la colline dans l'intention de couper ou d'inquiéter cette retraite, sont brusquement accueillies par une bordée de nos mitrailleuses. Un craquement épouvantable se fait entendre ; la mitraille couvre nos têtes avec un roulement incessant. La colonne prussienne s'arrête stupéfiée et répond par une vive fusillade. Les balles, les projectiles sifflent en tous sens. Les premiers rangs ennemis s'éclaircissent. Les mitrailleuses envoient toujours leurs terribles bordées.

Le général Vinoy, sur l'autre rive de la Seine, suivait les incidents du combat. Voyant la division Susbielle aux prises avec un ennemi supérieur, il jugea qu'il était de son devoir de lui venir en aide et ordonna, pour la dégager, une seconde démonstration sur les positions contre lesquelles il avait agi la veille. Il commanda au contre-amiral Pothuau de réoccuper la Gare-aux-Bœufs et de pousser jusqu'à Choisy-le-Roi pour y attirer l'ennemi. En même temps, la brigade Blaise, de la division Maud'huy, opérait sur Thiais ; ce mouvement réussit pleinement.

Les forces ennemies, en face de nous, éprouvées par le feu des mitrailleuses, assaillies par la fusillade et inquiétées sur la gauche par les diversions du général Vinoy, s'arrêtèrent. Le feu cessa aussitôt, et la division du général Susbielle, ainsi dégagée, put rentrer dans Créteil. Il était environ deux heures et demie.

Nous revînmes occuper Notre-Dame-des-Mèches, appuyés par une forte réserve.

*
* *

A notre gauche, au loin, la fusillade crépitait toujours, et le bruit du canon était loin de s'apaiser. Le général Ducrot poursuivait le cours de sa grande entreprise.

Les deux premiers corps de son armée avaient passé la Marne aux premières heures du jour. A neuf heures, après un feu roulant de l'artillerie du Mont-Avron, de la Faisanderie, de la Gravelle, de Nogent, de Rosny et des wagons blindés de la Compagnie des chemins de fer de l'Est, les troupes abordèrent les hauteurs et s'emparèrent de Champigny puis de Bry-sur-Marne. Mais devant Villiers et le parc de Cœuilly, où les Prussiens avaient abrité une artillerie considérable, elles rencontrèrent une résistance opiniâtre ; elles faiblirent même à gauche : le général Ducrot s'y porta en toute hâte de sa personne. Il donna l'exemple du plus rare courage et entraîna les régiments. Le général Renault, commandant le 1er corps, tomba mortellement frappé à la tête de ses troupes, devant le parc de Villiers.

Le combat continuait avec des alternatives différentes, quand la nuit arriva. Mais malgré les efforts des soldats et l'entraînement des officiers, il fut impossible d'atteindre les seconds objectifs indiqués par le gouverneur, c'est-à-dire Villiers et Cœuilly.

Les troupes couchèrent sur les positions conquises.

La journée du 30 novembre et ses suites fut diversement appréciée, quelquefois sévèrement jugée, mais le plus souvent défigurée par la passion.

Elle fut très-glorieuse pour l'armée et les officiers qui la dirigèrent au combat, mais ne fut, à la vérité, qu'une demi-victoire. Les objectifs principaux n'étaient pas en notre pouvoir ; le premier élan des troupes était rompu ; il fallait aborder des positions formidables sans le concours des batteries fixes désormais trop éloignées. La situation devenait difficile et dangereuse, et l'armée pouvait, en cas de revers ou de retraite précipitée, être jetée dans la Marne.

L'opinion populaire toujours prompte à accuser, ne chercha nullement à posséder une idée réfléchie de la situation. Ce demi succès la violenta. Elle n'y vit que du mauvais vouloir de la part des généraux, chercha un traître et ne trouva que le général Ducrot. Ce vaillant soldat devint ainsi le bouc émissaire chargé de tous les péchés d'Israël.

On ne voulut point connaître l'héroïsme dont il donna les preuves les plus éclatantes dans cette mémorable journée de Champigny. On préféra lui jeter à la face, sans examen, ses belles paroles : Mort ou victorieux !

Orgueilleuse humanité ! Faudrait-il donc toujours nous rappeler que nous ne sommes que des Pygmées dont le destin se plaît à jouer, et que nos actions sont soumises à un arbitrage suprême qui s'en empare malgré nous. L'homme s'agite, Dieu le mène. Cette grande parole, aussi philosophique que chrétienne, n'est pourtant pas un vain mot.

Ne serait-il pas plus honorable, plutôt que de chercher partout des trahisons, d'étudier en nous-mêmes les raisons de nos désastres, afin d'en éviter le retour. Nous sommes lâches ! Nous aimons mieux frapper à terre un concitoyen abattu que regarder en face l'étranger vainqueur et qui nous raille.

Il nous faut secouer cette honte et nous relever plus dignement, afin de pouvoir mieux lancer à notre ennemi, le jour venu, les imprécations d'Hernani :

> . . . . La paix n'est point venue,
> Car les fils sont debout et le duel continue.

VII.

Ah ! quel plaisir d'être soldat !
(*La Dame blanche.*)

Après la bataille. — Notre-Dame-des-Mèches, ferme peu modèle. — La rose des vents. — Les fusiliers et les zéphyrs. — Sentinelle perdue. — Paraphrase d'un mot de Dagobert. — Les voitures d'ambulance. — Jeûne prolongé. — La nature a horreur du vide. — Abus de la tragédie. — La Marseillaise à l'église. — Agapes. — Repetita non placent. — La tranchée est une Sibérie. — Le diagnostic de Finster. — Retour à Paris. — Intra muros. — Réminiscence de Médéric Charot.

A Notre-Dame-des-Mèches, après la bataille, nous demeurâmes sur pied toute la nuit. Défense d'allumer des feux. Impossibilité absolue de faire la soupe. *Que mangerons-nous? Cette idée me trouble,* comme disait Paul Louis, le soir du combat de Campo-Tenese.

On craint un mouvement offensif de l'ennemi.

Quel triste séjour que Notre-Dame-des-Mèches pendant cette froide nuit du 30 novembre. Les bâtiments n'ont plus de toit, les murs sont crénelés, dentelés, crevassés ; *ce ne sont que festons...* La cour est une rose des vents. Eole en a réuni un congrès. Il y en a de quoi enfler les voiles d'une flotte entière.

On établit des sentinelles avancées devant l'ouvrage. J'en suis. Un trou en terre et rien de plus. Pas d'abri, nul appui, sans défense; situation aiguë. On peut être surpris et enlevé par l'ennemi sans coup férir. Brrr!

Dagobert disait à ses chiens : Il n'est si bonne compagnie qui ne se quitte.

De même, il n'est si mauvaise nuit qui ne finisse.

Au point du jour, des voitures d'ambulance, précédées du drapeau à la croix rouge, explorent le champ de bataille en face de nous, pour recueillir les blessés oubliés de la veille. Nos ennemis, étrangers à tout sentiment d'humanité, les accueillent à coups de fusil. Celui qui a vu ces choses garde au fond de l'âme une rancœur que le temps est long à effacer.

Enfin, vers quatre heures de l'après-midi, nous fûmes relevés de notre poste après trente-trois heures d'un service sans relâche et qui ne nous avait pas permis de faire la soupe. La faim, quoiqu'on en dise, se laisse difficilement tromper. J'avais bien essayé de l'apaiser avec quelques bribes de biscuit de mer égarées dans mes poches, mais elle n'avait point été dupe de ce subterfuge et maintenait toujours ses exigences impérieuses. Les estomacs étaient creux. Il était grand temps d'y apporter remède, car la nature a, comme chacun sait, horreur du vide.

✱_✱✱

Le lendemain, 2 décembre, le fort de Charenton, les batteries de Vitry et de Maisons-Alfort recommencent leur feu sur Mesly.

Nous sommes de piquet, près d'une batterie, dans le parc de Maisons, les faisceaux formés, prêts aux éventualités.

La bataille continue sur les positions du général Ducrot. M. Trochu, gouverneur de Paris, est sur le champ de l'action. La journée ne donne aucun résultat. Cœuilly et Villiers sont toujours au pouvoir des Prussiens. La situation de la deuxième armée, placée entre un ennemi supérieur en nombre et la Marne, où elle peut être bousculée, devient critique.

✱_✱✱

3 décembre. Nous apprenons que le général Ducrot fait repasser la Marne à ses soldats.

— Que vouliez-vous qu'il fît, demandai-je à un radical.

— Qu'il mourût ! me répondit ce *sang-impur*.

Voilà où l'abus de la tragédie nous conduit !

.˚.

Dimanche 4 décembre. Rien à faire. Pas de service. En place, repos.

J'en profite pour visiter le pays. Je passe devant l'église, j'entends l'orgue, c'est l'heure de l'office; j'entre.

Mais il n'y a point de prêtre à l'autel, pas de fidèles. Quelques troupiers seulement, fantassins ou mobiles, regardent les boiseries et écoutent la musique. L'hymne qu'on entend n'est pas religieux : c'est la *Marseillaise*. Un soldat est au clavier. Il joue lentement, largement, tous les tuyaux ouverts, comme une prière...

Je sors, agité de sentiments divers...

Dans la journée, je continuai ma promenade avec un camarade d'escouade, le fusilier Finster, mais cette fois notre excursion réunit l'utile à l'agréable. Il y avait encore quelques légumes dans les champs. Nous rapportâmes au cantonnement des pommes de terre et des salades.

Le soir, il y eut grande liesse dans l'escouade. Le dîner fut des plus copieux. J'ai la reconnaissance de l'estomac : je me rappelle encore une sorte de gâteau de riz au chocolat, que nous mangeâmes comme entremets. Gouffé n'eut pas mieux réussi.

***

Le lendemain, 5 décembre, nous reprenons la grand'garde à Notre-Dame-des-Mèches et dans les tranchées Je commence à être blasé. *Repetita non placent.*

Le thermomètre dégringole au-dessous de tous les zéros, à des degrés inappréciables et inconnus.

Il fait, surtout la nuit, un froid à frapper toutes les carafes du monde, une température d'ours blanc.

Et la faction dure deux heures : deux heures de pôle nord.

Je demande à voix basse à mon voisin et camarade Finster :

— En avons-nous encore pour longtemps ?

— On va nous relever, répond-il.

— Tu as donc l'heure ?

— Non. Mais je suis aux dernières limites de l'en... gourdissement. Je congèle.

C'était un symptôme infaillible.

Aussitôt, le caporal de pose arrivait avec ses hommes.

Quand le jour parut, nous apprîmes que le bataillon venait de recevoir l'ordre de rentrer dans Paris. Il y avait quatorze jours qu'il était aux avant-postes, et ce n'était que grâce aux insistances du commandant qu'il avait pu rester si longtemps dehors. Nous quittâmes la tranchée à midi, Maisons-Alfort à trois heures, et franchissions la porte de Charenton à six heures.

Nous allions retrouver dans la ville, devenue maussade et triste, l'ennui profond, la queue aux boucheries, les cartes de rationnement, les clubs délétères, les portions de cheval infinitésimales, les journaux dissolvants, les repas problématiques, les mets invraisemblables des restaurateurs, le pain changé de couleur, les cantines nationales, la farine pleine de mystères, et puis les appels banals de midi sur les places publiques, l'école de peloton dans les Champs-Élysées et le carré contre la cavalerie aux carrefours des rues. Nous allions regretter les avant-postes, les raouts de l'escouade, la misère joyeuse du cantonnement et même les factions dans les tranchées.

Mais nous savions que notre séjour dans Paris ne serait pas long : le temps seulement de secouer la poussière de nos souliers.

Plus heureux que les damnés du Dante, qui lisaient leur destin irrévocable en franchissant le seuil fatal, nous conservions l'espoir de quitter bientôt la ville pour aller explorer de nouveaux cantonnements.

Je me retrouvai pourtant chez moi avec bonheur, et, brisé de fatigue, je m'assoupis en songeant à ces vers de Médéric Charot :

Quand dans l'espace, l'hirondelle
A longtemps promené son aîle;
Elle s'arrête et puis s'endort;
Adieu, je vais faire comme elle.

VIII.

...... La vérité, rien que la vérité.....
(*Art. 75 du Code d'inst. crim.*).

Les Régiments de Paris. — *Leur organisation.* — *Leur physiologie.* — *Le lieutenant-colonel.* — *Nouveau départ.* — *Le bataillon de queue.* — *La Boucle de la Marne.* — *Le public n'entre pas ici.* — *Déceptions de l'escouade.* — *Ni clos ni couverts.* — *Une cheminée qui fume.*

Nous demeurâmes à Paris jusqu'au 20 décembre. Dans l'intervalle, on avait reconnu la nécessité, pour donner plus de cohésion aux troupes mobilisées de la garde nationale, de les encadrer dans des régiments spéciaux. C'est ainsi que les *Régiments de Paris* furent créés. Chacun de ces régiments comptait quatre bataillons de guerre, soit seize compagnies, et avait à sa tête un officier supérieur qui prenait le grade de lieutenant-colonel. Cet officier était choisi parmi les chefs des quatre bataillons du régiment et conservait le commandement nominal de son bataillon. Son autorité, comme chef de corps, était exclusivement militaire ; il ne s'ingérait nullement dans l'administration intérieure des bataillons sous ses ordres, qui conservaient leur organisation particulière et leurs numéros respectifs. Un officier d'ordonnance était attaché à sa personne.

Le nombre des *Régiments de Paris* fut successivement porté à 59. Ils ne furent jamais régulièrement embrigadés dans les divisions actives, mais seulement placés transitoirement et suivant les circonstances ou les nécessités de la défense, sous les ordres des divers généraux.

Dans le régiment où nous prîmes rang, le commandant de notre bataillon devint lieutenant-colonel : on ne pouvait mieux choisir. J'en puis parler selon mon sentiment et avec d'autant plus d'abandon que ces lignes ne tomberont sans doute point sous ses yeux. C'était un homme énergique et froid, rugueux en apparence, quoique bienveillant au fond, disant peu, faisant mieux, sévère et réfléchi. Il imposait à tous, petits ou grands, le respect dû à son grade. Il avait su, comme chef de bataillon, organiser rapidement ses compagnies de guerre qui, aussitôt équipées, eurent l'honneur de se rendre les premières aux avant-postes. Son attitude fut toujours nettement patriotique, ferme, opposée à l'anarchie. Il conduisit vaillamment, le 19 janvier, devant Buzenval, son régiment au combat, et fut, après le 18 mars, un des rares officiers supérieurs de la garde nationale qui tentèrent, avec l'amiral Saisset, de résister au Comité central triomphant.

On a critiqué, non sans raison, l'organisation des *Régiments de Paris*, et particulièrement leur mode de composition. Les quatre bataillons étaient généralement recrutés dans des quartiers souvent éloignés les uns des autres, ce qui en rendait la concentration aussi lente que pénible. L'autorité du lieutenant-colonel était fréquemment battue en brèche par le mauvais vouloir ou l'esprit de jalousie des chefs de bataillon, et l'on voyait souvent dans un même régiment, à côté de bataillons disposés à tous les sacrifices, animés des meilleurs sentiments de discipline et de dévouement, d'autres bataillons faisant étalage d'un patriotisme trop turbulent pour être jamais sincère, bravant leurs chefs et fuyant l'ennemi, dévorés de convoitises détestables ou dominés par de basses arrière-pensées politiques. Cette combinaison, qui avait été inspirée par le désir d'établir entre les divers bataillons une sorte de pondération, n'eut pour résultat que de neutraliser les efforts des premiers sans entraîner le bon vouloir des seconds. Notre régiment n'échappa pas, dans une certaine proportion, à cette loi générale.

Nos quatre bataillons furent réunis pour la première fois, sur la place Vendôme, dans la nuit du

20 au 21 décembre. Le colonel avait reçu des ordres de départ. On parlait vaguement d'un grand et nouvel effort du général Ducrot au nord-est de Paris, par le Bourget.

A trois heures du matin, au milieu d'une nuit profonde et glaciale, et à travers la ville silencieuse et endormie, le régiment se mit en marche. Notre bataillon tenait la tête de la colonne, suivaient les autres bataillons. Nous prîmes la rue de Rivoli, le boulevard Sébastopol, la rue de Turbigo, et montâmes le boulevard Voltaire pour sortir de Paris par la porte de Vincennes.

En haut du boulevard, les tambours du bataillon de queue cessèrent tout-à-coup de se faire entendre, et ce bataillon s'arrêta brusquement sans cause apparente. Un marchand de vin venait d'entr'ouvrir sa boutique, dont la lueur perçait la nuit et se projetait sur le boulevard. Lesdits tambours, exécutant une conversion rapide et discrète, s'y étaient vivement portés, et faisant ensuite volte-face, étaient revenus à leurs rangs, ébranlant de nouveau leur bataillon laissé en suspens sur la chaussée.

Pendant ce temps, le gros du régiment marchait toujours.

Quand il franchit la porte de Vincennes, manquait le bataillon en question.

Il fallut l'attendre . . . .

. . . .

De tels faits ne se commentent pas ; ils révoltent et c'est assez. L'indignation qu'on en ressent est plus éloquente que les mots qui tentèraient de l'exprimer. Puis, il est des turpitudes qu'il est bon de ne point étaler. Il vaut mieux être Sem que Cham.

Le régiment arriva en retard à Vincennes où il devait se mettre à la disposition du général Ribourt, commandant la circonscription. Le général entra dans une assez vive et légitime colère.

A notre gauche, au loin, retentissait une violente canonnade. Le général Ducrot livrait bataille devant la ferme de Groslay et le Drancy. L'action se résumait en un furieux combat d'artillerie. Sur la droite, le général Vinoy occupait Neuilly-sur-Marne et la Maison-Blanche.

Nous fûmes dirigés, pour faire diversion et surveiller les bords de la Marne, près la gare de Champigny, dans la presqu'île formée par la boucle de cette rivière. Nous traversâmes le bois de Vincennes, Joinville-le-Pont. Saint-Maur-les-Fossés, le parc Saint-Maur et arrivâmes à Champignolles à midi environ. Nous y demeurâmes jusqu'au soir en observation. Quelques compagnies échelonnées le long de la rivière y furent laissés pour la nuit, et le surplus du régiment alla prendre ses cantonnements dans les divers villages de la presqu'île. Les nôtres furent établis au parc Saint-Maur, au centre de la boucle.

La lassitude était générale : nous étions debout ou en marche, le sac au dos, depuis plus de quinze heures. Les vivres, dont les fourriers commencèrent aussitôt la distribution, furent accueillis avec satisfaction, car personne n'avait pu manger depuis la veille.

Mon escouade fut installée au premier étage d'une élégante maison de campagne. Le caporal et moi appropriâmes à notre usage personnel la salle de billard, dont nous condamnâmes l'entrée aux autres fusiliers.

Cet égoïsme les révolta, et le dépit les fit écrire sur la porte, avec de la craie :

Etat-major général de la 6ᵉ escouade.
Le public n'entre pas ici.

Cette innocente plaisanterie ne nous empêcha nullement de dormir dans la plus douce quiétude, étendus sur le drap vert du billard.

* *
*

La presqu'île ou la boucle de la Marne, formée par un des méandres de la rivière, se trouve bornée à la gorge par le canal voûté et le village de Saint-Maur-les-Fossés, et renferme les villages de Port-Créteil, Adamville, la Varenne-Saint-Hilaire et le Parc-Saint-Maur. Les ouvrages militaires qui la défendaient consistaient, lors de notre séjour, en

une grande redoute fermée, construite sur les dé-
blais d'une carrière, entre Saint-Maur et le Parc,
et en plusieurs batteries fixes et épaulements pour
artillerie de campagne, placés de distance en distance. Des tranchées pour l'infanterie reliaient
généralement ces divers travaux. De plus, les murs
bordant le chemin de halage, le long de la rivière,
étaient crénelés. Les grand'gardes étaient établies
sur les bords de la Marne et observaient l'autre
côté de la rivière occupé par l'ennemi. Les hommes
aux avant-postes étaient abrités derrière les murs
de clôture des jardins ou dans des tranchées pra-
tiquées en arrière des berges.

*
* *

Le 22 décembre, le froid est violent. Le colonel
fixe sa résidence au Parc-Saint-Maur, où le bataillon s'installe complètement. Nous fournissons
chaque jour une compagnie de grand'garde; les
autres bataillons sont cantonnés dans les villages
voisins et font le même service.

Dans la matinée de ce jour, le 22, la 6e escouade
changea son cantonnement; on lui assigna une
petite maison basse sans étage, chétive d'aspect.
Que nous étions loin, hélas! de notre somptueuse
demeure de Maisons-Alfort! Cette humble habita-
tion semblait abandonnée à jamais, sans esprit de

retour, et son possesseur en la quittant l'avait laissée dans un complet dénuement : le confort y manquait absolument. On n'y voyait rien de pompeux, pas le moindre feston, pas la moindre astragale, pas même de serrures aux portes et de vitres aux fenêtres. Nous n'étions ni *clos* ni *couverts*, suivant une expression consacrée, et il y eut dans le sein de l'escouade un formidable concert de récriminations contre ce propriétaire imprévoyant qui faillissait si outrageusement à ses obligations naturelles envers ses locataires. Pour surcroît d'infortune, la cheminée fumait ; ce fut le comble. Il y eut des rages et des grincements de dents. Ce vice de construction nous causa d'affreux tourments. Le maître du lieu a peut-être, à son retour, gémi sur le séjour que nous fîmes chez lui, mais la douleur qu'il en a pu ressentir ne saurait être mise en parallèle avec le désagrément que nous éprouvâmes à loger sous ses lambris. La moindre rafale de vent précipitait dans la pièce des nuages de fumée, et les imperceptibles rations de cheval qui mijotaient dans l'âtre, en une eau faiblement potable, étaient couvertes de cendres, comme en signe de deuil.

Tout cela produisait un piteux régal et l'escouade faisait bien maigre chère.

IX.

> .... Du grave au doux, du plaisant au sévère.
> (Boileau. *Art poétique.*)

Avocat et sous-lieutenant. — La robe et l'épée. — Cedat armis toga. — Les capotes multicolores. — Le général Duval et le chef de légion Brunel. — La corvée de bois du capitaine. — Servitude et grandeur militaires. — Devoir et discipline. — En tirailleurs ! — Mort de froid.

Après l'appel de midi, le service fini, je cheminai dans la presqu'île à l'aventure et rencontrai le lieutenant allant de compagnie avec le sous-lieutenant.

Le lieutenant était un ancien sous-officier de chasseurs à pied, preste et brave.

Le sous-lieutenant n'avait jamais porté les armes. Le seul grade dont il fut revêtu était celui de docteur en droit : c'était un jeune et brillant avocat. Au jour de l'élection pour la collation des grades, il avait su gagner les suffrages de la compagnie par l'élégance de son élocution et la délicatesse de sa harangue. Le Parisien est ainsi fait, il est essentiellement attique ; il aime les chatoiements de la phrase, l'ingénieux arrangement des mots, les flatteries du langage, l'habileté de la parole ; et les hommes qui ont le don de lui procurer de telles jouissances exercent sur lui la plus irrésistible des séductions.

Quelques anciens soldats ayant longtemps vécu

Dans les honneurs obscurs de quelque légion,

tentèrent timidement la concurrence. Ils parlèrent de leurs états de service ; on n'en tint nul compte. Le succès du disert orateur fut complet. Entraîné comme les autres, je l'appuyai de mon vote. Le nouveau sous-lieutenant remercia en souriant. Ce sourire me parut trahir une pointe presque invisible d'ironie. Il est évident qu'à cet instant le mot de Beaumarchais : *Il fallait un calculateur...* flottait à son insu en la pensée du spirituel avocat ; et il ne pouvait s'empêcher d'en rire.

Il fut, ce ne pouvait être autrement, un officier intelligent.

Il avait constamment les poches de sa capote bourrées de petits livres à couvertures bleues qu'il feuilletait avec acharnement pendant les intervalles de loisir que lui laissait son service de *semaine.* Je pensais que ce devaient être les petits volumes si connus de la librairie militaire *Dumaine*, et qu'il se nourrissait de la fortifiante lecture des *Théories sur l'école de peloton ou des tirailleurs.* Point. Comme Athalie, je voulus voir, je vis. C'étaient des brochures de la Bibliothèque nationale, d'un port si facile, et, entr'autres, les *Pensées de Pascal.*

> On ne s'attendait guère
> A voir *Pascal* en cette affaire.

Habent sua fata libelli.

Il avait parfois des distractions adorables. Tournait-on à gauche, il commandait :

— Conversion à droite !... *Et vice versâ.*

Les fusiliers riaient. Il n'y prenait point garde. Sa pensée n'était point dans le rang.

Dans le service, je l'appelais *mon lieutenant;* hors des rangs, je lui disais volontiers *mon cher maître,* me souvenant qu'il était avocat. Il ne s'en fâchait point et prenait bien la chose.

⁂

Nous parcourûmes ensemble une grande partie de la Boucle et visitâmes les divers villages qu'elle contient. Nous traversâmes, dans leurs cantonnements, les autres bataillons du régiment. Chacun de ces bataillons se distinguait par un uniforme particulier et notamment par des capotes de couleurs variées. Cette diversité de costumes dans la garde nationale produisait le plus pittoresque effet. Notre bataillon portait la capote de l'infanterie; d'autres avaient des capotes bleues, noires, grises, marrons et mêmes vertes.

A la bataille de Montretout, où un grand nombre de bataillons furent engagés, cette variété de couleurs servit parfois de signe de reconnaissance et de ralliement.

Les mobiles de Seine-et-Marne se souviennent encore des bataillons à capotes grises et bleues qui opéraient devant eux, entre Buzenval et Montretout, dans la colonne du vaillant général Fournès. C'étaient des gardes nationaux du 11ᵉ régiment de Paris. Ce régiment avait à sa tête, comme lieutenant-colonel, Duval, qui fut par la suite général de la Commune, et comptait parmi ses chefs de bataillon l'ancien officier Brunel, du 4ᵉ chasseurs, qui devint à son tour chef de légion et membre du gouvernement insurrectionnel de Paris. Les hommes, comme les livres, ont aussi leurs destins.

**

Le lendemain, 25 décembre, « l'aurore aux doigts de rose n'avait pas encore entr'ouvert les portes de l'orient » que le sergent de semaine avait déjà franchi le seuil de notre local enfumé et m'avait commandé, avec un camarade, pour la corvée de bois du capitaine. Mon camarade prit la hachette de l'escouade, je me chargeai de la scie, et nous sortîmes aussitôt. Nous avisâmes un bosquet voisin et sapâmes par le pied trois ou quatre arbrisseaux qui tombèrent lentement en glissant le long des branches. Nous les traînâmes devant la porte de la maison où le capitaine avait pris résidence, et après avoir élagué les branches flexibles et séparé les troncs de distance en distance, nous revînmes à notre escouade.

Le livre d'Alfred de Vigny : *Servitude et grandeur militaires*, me revint à ce moment en mémoire, mais je ne me sentis nullement humilié d'avoir rempli la corvée manuelle à laquelle je venais d'être assujetti. Dans la condition militaire, tout est toujours l'accomplissement d'un devoir. La corvée n'est point une servitude, mais un devoir auquel chacun reste soumis. C'est ce qui la justifie èt l'ennoblit.

C'est un faux point d'orgueil de se révolter contre certaines obligations de l'état militaire. Le devoir s'impose à tous, petits ou grands. L'échelle hiérarchique fait peser sur tous ceux qui occupent ses divers échelons une soumission perpétuelle, et si les soldats sont parfois assujettis à des corvées domestiques et grossières, les officiers subissent à leur tour des capitulations morales souvent douloureuses et cuisantes : le devoir étend sur tous son action égalitaire.

Et ce qui facilite et grandit davantage l'accomplissement de ce devoir, c'est, en France, le caractère essentiellement démocratique de nos institutions militaires. Elles ne comportent aucuns priviléges et sont conformes en cela aux idées modernes. Les plus hauts commandements, les plus grandes dignités sont en perspective à toutes les ambitions, à toutes les ardeurs, à toutes les capacités. Tel subit aujourd'hui une corvée qui l'imposera demain. Chez d'autres nations, au contraire, le commandement est encore l'apanage de certaines classes. Le devoir militaire s'y accomplit servilement, et les corvées y ont quelque chose d'odieux. L'esprit s'insurge avec énergie contre une telle sujétion qui ravale la dignité humaine, froisse la raison et méconnaît l'égalité.

*
* *

Après l'appel, le capitaine conduisit la compagnie au-dessus d'une grande carrière abandonnée, sur un sol pierreux et accidenté, et commanda l'école des tirailleurs, exercice pour lequel le bataillon manifestait une prédilection particulière. Toute la compagnie fut partiellement et successivement déployée. Dans leurs évolutions en avant, des tirailleurs s'avancèrent à découvert jusque sur les bords de la Marne. L'ennemi, qui occupait l'autre rive, dissimulé derrière ses abris, leur envoya des coups de feu. Personne heureusement ne fut atteint; mais ces tirailleurs s'empressèrent de se replier sur le soutien avec plus de prudence qu'ils n'en avaient apportée à se mettre en ligne.

.

Le soir, le froid déjà violent augmenta d'intensité. La nuit fut affreuse. Mes camarades et moi fûmes contraints de sortir à plusieurs reprises et de marcher vivement sur la route pour rétablir la circulation du sang figé dans les veines et ranimer la chaleur du corps, roidi par la rigueur de la température. L'un d'entre nous, pourtant, n'eut pas la même force d'énergie. Engourdi par le froid, il s'abandonna entièrement au sommeil : il ne se réveilla point. Le lendemain matin, au jour, ne le voyant point bouger, nous soulevâmes la couverture dont il était enroulé : il était livide et glacé, et le chirurgien qu'on appela à la hâte ne put que constater sa mort.

Cet événement nous attrista. La saison devenait impitoyable. Des cas de congélation étaient nombreux à toutes nos avancées. L'alimentation se raréfiait de jour en jour, le sang s'appauvrissait, les forces diminuaient. La lutte avec le froid devenait inégale. Qui pouvait se flatter de résister toujours à ses étreintes? Combien encore devaient s'attendre à fléchir sous son action implacable?

L'homme qui se dispose au combat est toujours

prêt à mourir; il ne redoute point la mort, il l'a constamment devant les yeux, il a fait un pacte avec elle, il est voué à elle, il l'attend. Mais il la veut belle et digne de lui. Il veut la trouver sur le champ de bataille, en face de son ennemi, dans les enivrements de la poudre, au milieu du fracas de la mitraille, du roulement des canons, du bruit de la fusillade. Il veut qu'elle soit celle des héros et des braves. Il l'aime parce qu'elle est féconde et que le sang qu'il verse par elle n'est point stérile et crie vengeance.

Mais il a horreur de la Mort blafarde et décharnée qui décime et épouvante les camps en frappant les combattants d'un trépas indigne d'eux.

X.

Tolle et lege !
(SAINT-AUGUSTIN.)

Représentation au théâtre d'Adamville. — Suffrage univer-
sel de l'escouade. — Mandat électoral. — Baptême du
scrutin. — Un poste abandonné. — Le spectacle. — Re-
lâche et clôture. — Qui fut penaud ? — Noël ! — De pro-
fundis. — Petite guerre. — La grand'garde.

Le 24 décembre, veille de Noël, on annonça
pour le soir même une représentation au théâtre
d'Adamville, village distant de celui que nous
occupions de deux kilomètres environ. Après une
revue d'armes et de détail, la compagnie forma le
cercle. Le capitaine annonça que deux hommes par
escouade, choisis par leurs camarades, pourraient
assister à cette représentation, et que le départ
aurait lieu à sept heures, après l'appel, sous la
conduite d'un officier.

Une représentation à Adamville, dans un vrai
théâtre, aux avant-postes ! Il n'en fallut pas davantage pour surexciter la curiosité générale.

Il y eut aussitôt de grandes agitations dans l'intérieur de toutes les escouades. Chacune avait à

nommer deux délégués à la représentation et tout le monde voulait briguer la faveur de s'y rendre. Les candidatures se produisirent. Je posai courageusement la mienne et la soutins avec toute l'énergie de mes convictions théâtrales et l'autorité de mes principes dramatiques, en promettant, si l'élection me favorisait, de me mettre le lendemain aux ordres de mes commettants pour leur rendre compte de mon mandat. Cette tactique est, comme certaines guérisons, radicale et sûre. Je flattai le suffrage universel avec la plus perfide hypocrisie; mes sentiments et mes promesses le subjuguèrent. Je fus un des deux délégués de l'escouade et ressentis autant de satisfaction d'avoir su gagner les suffrages de mes seize camarades que si j'avais remporté ceux d'un collége de 10,000 citoyens. Je goûtai pour la première fois les félicités d'un triomphe électoral et reçus ainsi le baptême du scrutin.

A sept heures, la députation était au grand complet. L'officier la mit en marche. La nuit était profonde. Les postes de nuit étaient partout établis : notre officier possédait le mot de ralliement. De distance en distance, un soldat de la mobile, posté en sentinelle, se détachait du mur et, croisant la baïonnette au milieu de la chaussée, criait :

— Halte-là !

La colonne s'arrêtait.

— Qui vive ?

L'officier répondait :

— France !

— Avance au ralliement.

L'officier approchait seul, donnait le mot et, se retournant ensuite, commandait : *En avant !* et la troupe continuait à marcher.

A mi-chemin d'Adamville, sur la route, se trouvait un poste permanent fixé dans une petite maison entourée de murs et occupé par une escouade de mobiles. Je l'avais plusieurs fois remarqué et, un soir, pour passer, j'avais donné à la sentinelle le mot de ralliement.

A ma grande surprise, nous atteignîmes ce poste sans être arrêtés ; mais en même temps nous perçûmes, venant de l'intérieur de la maison, de sourds gémissements, des plaintes étouffées, un râlement confus. L'officier commanda : Halte ! Il pensa que la sentinelle venait d'être égorgée. A coups de crosse de fusil, il fit voler en éclats la porte du jardin ; nous le suivîmes et pénétrâmes avec lui par une fenêtre du rez-de-chaussée dans la maison d'où les plaintes se faisaient entendre. Dans une pièce du haut nous vîmes bien les fusils et les sacs en ordre, mais le poste était abandonné. Seul, un enfant d'une douzaine d'années râlait sur une légère couche de paille. C'étaient ses gémissements qui nous avaient attirés. Il avait trouvé, dans un grand bidon à sa portée, l'eau-de-vie des hommes du poste et en avait bu outre mesure ; il se tordait à ce moment dans les convulsions de l'ivresse et du froid. Nous le couvrîmes de couvertures, sortîmes de la maison et continuâmes notre route, fort impressionnés de cet incident.

Nous sûmes depuis que cet enfant, errant dans la presqu'île, avait été recueilli par les mobiles de ce poste qui lui donnaient l'hospitalité. Ce soir-là, l'escouade toute entière était allée festoyer, à l'occasion du réveillon, chez des camarades du voisinage, laissant le poste sous l'unique sauvegarde de cet enfant.

J'ai déjà dit qu'il était souvent pénible et douloureux de relater certaines choses. Mais il est des plaies qu'on ne peut guérir sans les mettre à nu, quelque répugnance qu'on en conçoive.

Ce fait a-t-il été connu des supérieurs ? Quelle en a été la répression ? Le chef de ce poste est-il passé devant un conseil de guerre ? Quel a été son châtiment ?

C'est en laissant de pareils faits impunis ou en les réprimant d'une façon dérisoire que se répand, en temps de guerre, la contagion de l'indiscipline et que s'altèrent la conscience du devoir et le souci de la responsabilité.

**

Nous arrivâmes bientôt au théâtre d'Adamville. Au contrôle se tenait un sergent de mobiles. Chaque soldat donnait un sou pour son entrée. Les caporaux et les simples fusiliers de toutes armes se tenaient au parterre et dans les combles. Les sous-officiers occupaient les deux côtés du premier étage, et l'amphithéâtre était réservé aux officiers.

La représentation était donnée par les mobiles de l'Hérault avec l'agrément de leur colonel et sous le contrôle de leurs officiers. Un piano, réquisitionné sans doute dans quelque propriété voisine, tenait lieu d'orchestre.

La salle était littéralement pleine. C'était à toutes les places une ondulation oscillante de képis de toutes nuances et de capotes de toutes couleurs. Je ne connais pas l'état de prospérité du théâtre d'Adamville en temps normal, mais je m'imaginai aisément que si son impressario eut pu assister à cette représentation, il n'eut point vu sans une secrète envie la foule qui l'emplissait. Le programme consistait en scènes bouffes, duos comiques, vaudevilles, chants patriotiques. L'auditoire était sympathique. On applaudissait des pieds et des mains, autant pour manifester son admiration que pour combattre la violence du froid. Mais, hélas! la chaleur des applaudissements n'arrivait point à tempérer la rigueur de la saison. Petit à petit même, sous l'influence de la température, l'enthousiasme se refroidit insensiblement, et la dernier chanteur ne reçut littéralement qu'un accueil glacial.

Ainsi finit la comédie.

L'ennemi qui avait ses retranchements à quelques centaines de mètres du théâtre et dont les canons étaient braqués sur les hauteurs voisines de Bonneuil et de Chennevières, tenu par ses *reporters* au courant de la chronique mondaine d'Adamville et comptant pour le lendemain sur une seconde séance, s'empressa, sitôt la nuit venue, d'envoyer ses obus sur le théâtre. Heureusement, il y avait relâche, et dès qu'on se fut rendu compte des intentions peu charitables de nos voisins, le relâche fut changé en une clôture *irrévocable et sans remise*. Qui fut penaud?

⁂

25 décembre, Noël. La compagnie prend de bonne heure les armes pour assister à l'inhumation de notre camarade asphyxié par le froid. Son corps est porté à l'église de Saint-Maur-les-Fossés; la compagnie marche sur deux rangs, la crosse sous le bras.

Après les prières funèbres, le corps fut déposé au cimetière, et, sur la tombe encore ouverte, le sous-lieutenant, d'une voix émue et pénétrante, lui fit, au nom de toute la compagnie, les suprêmes adieux.

.•.

26 décembre, continuation de l'école de peloton et exercice en tirailleurs. Le capitaine ordonne un simulacre de combat. La deuxième section, commandée par le lieutenant, va occuper une maison de garde au saillant gauche d'un petit bois. La première section se présente devant la position dans l'intention de s'en emparer.

La deuxième section surveille assez bien ses approches pendant quelque temps. La première section l'aborde en face et établit un rideau de tirailleurs qui s'avancent par échelons; puis, appuyant son soutien à droite en marchant par crochets, elle déborde la ligne de défense de la deuxième section, tourne et enveloppe la position.

J'étais dans la section vaincue et partageai la honte de cette défaite.

.•.

Le lendemain, 27 décembre, les Prussiens démasquent leurs batteries de siége et ouvrent leur bombardement contre les forts de l'Est et les positions que nous occupons. Il est défendu aux troupes de circuler dans la presqu'île en colonnes profondes.

A la tombée de la nuit, nous nous rendons aux avant-postes, à Champignolles, sur les bords de la Marne, pour quarante-huit heures. Dans la perspective du bombardement, on évite de rester dans les maisons où sont établis les postes et qui peuvent servir de cibles aux projectiles ennemis. Les faisceaux sont formés au dehors.

Les hommes de garde sont abrités, non derrière des tranchées, mais derrière les murs crénelés qui bordent la Marne. Le service continue à être très-pénible à cause du froid qui sévit sans relâche; mais nous recevons pour la durée de la faction une peau de mouton à deux plastrons reliés par des courroies.

Les obus commencent à pleuvoir. L'ennemi expérimente sur nous ce qu'il appelle *les effets psychologiques* du bombardement.

XI.

... Et quibusdam aliis.

De cuisine! — La popote. — Le pot-au-feu en campagne.
La soupe du soldat ne se discute pas. — Parallèle. — La
marmite de Papin. — Nourriture obsidionale. — La
cynophagie. — Esthétique alimentaire. — Le jour de l'an.
— Fausse alerte. — La garde du colonel. — Evacuation
de la presqu'île. — Rentrée à Paris. — Le bombardement.

30 décembre, mon tour de cuisine est arrivé.
Je suis de cuisine, suivant l'expression consacrée.
Il a suffi d'une simple indication du caporal pour
me transformer en cuisinier. La condition militaire
offre de ces métamorphoses qui sont bien plus sur-
prenantes que celles d'Ovide.

Le feu allumé, je m'installe devant l'âtre ; j'in-
troduis le morceau de cheval avec du riz dans une
marmite pleine d'une eau suspecte, j'ajoute une
poignée de sel et j'abandonne le tout aux caprices
du feu. Par quelle grâce supérieure tout cela va-t-
il se convertir, au moins d'une façon approxima-
tive, en un aliment quelconque ? Il y a là un problème que je ne me charge pas d'élucider. Est-ce
parce que je vais considérer mélancoliquement,

pendant deux ou trois heures, la marmite où s'accomplit ce travail mystérieux et que je vais regarder de temps à autre d'un œil indifférent l'eau qui
bouillonne avec une farouche énergie et qui écume
comme un cheval de course? Je ne sais. Mais j'ai
une foi ardente ; je crois positivement que, sans
mon intervention, le tout aura atteint une coction
suffisante pour onze heures, avant l'appel, comme
y comptent les camarades, et je me repose en cette
douce croyance.

L'obligeant lecteur qui parcourt ces récits aura
pu remarquer qu'il y est souvent question de cuisine et de *popote*, et il en aura pu conclure qu'au
bivouac le soldat n'est préoccupé que de rendre un
culte idolâtre à son estomac, et que sa vie n'est
qu'une succession pantagruélique de Balthazars et
de noces de Gamache.

Il est exact qu'en campagne le soldat, en dehors
du service, ne songe qu'à la *popote*. C'est son grand
souci. Il s'épuise en ressources de toutes façons,
en expédients de toutes sortes pour l'améliorer.
Dans un camp français, les marmites sont, depuis
le matin jusqu'au soir, toujours au feu, soit pour
le café, soit pour la soupe, soit pour la cuisson du
riz ; et il est oiseux de rappeler combien de fois,
dans des attaques à l'improviste, nos troupes campées furent surprises faisant la soupe, c'est-à-dire
les marmites au feu. Quel désordre il en résulte,

et quelle perspective de défaite ! Il en sera encore longtemps ainsi et nos ennemis le savent bien.

Cela tient à des causes complexes qu'il est assez difficile de déterminer, mais cela peut tenir particulièrement à la manière de faire vivre les troupes en campagne.

Ceux qui ont porté accidentellement les armes dans la dernière campagne ont été frappés des longues heures employées à la préparation des aliments du soldat. C'est toujours le classique et éternel pot-au-feu, quelque soit la nature de la viande qui en fasse les frais ; et puis le riz, d'une cuisson si désespérante. Quelle perte de temps il en résulte et quel horizon de surprises ! Les troupes se nourrissent comme il y a cent ans. Le progrès a marché, les armes ont été perfectionnées, la tactique et les conditions de la guerre se sont radicalement modifiées, mais la cuisine en campagne est restée stationnaire.

— Mais, malheureux, me dit Finster, à qui je communique ces objections, tu veux donc supprimer la soupe du soldat ? En vérité, en vérité, je te le dis, tu es utopique.

Il est vrai, et Finster a raison. La soupe est un aliment national, traditionnel : c'est presque une institution. Elle ne se discute pas. La constitution de l'empire avait cela de commun avec elle : En est-elle plus solide ? En Angleterre on dit : ne tou-

chez pas à la hache ; en France : ne touchez pas à
la soupe. Périssent plutôt les armées que la soupe
dont elles se nourrissent !

Nos ennemis, les Prussiens (puisqu'il faut les
appeler par leur nom), procèdent tout autrement.
Ils ne sont point esclaves de la soupe : ils la sup-
priment si besoin est. Ils ont inventé des purées
qui, rapidement délayées dans l'eau, leur en tien-
nent lieu. Ils connaissent le prix du temps. L'ar-
chaïque pot-au-feu est pour eux, en campagne, un
aliment suranné : ils savent s'en passer. Ce sont
gens pratiques et ils font la guerre avec méthode.

S'il est vrai et si un de leurs panégyristes a eu
ce triste courage de reconnaître qu'ils ont su convertir leurs armées en « forces productrices, » il
faut reconnaître aussi qu'ils savent aller droit à
leur but sans préjugés ridicules et sans esprit de
routine.

*
* *

J'en étais là de mes réflexions, quand le cou-
vercle de la marmite, comme celle de Papin, se
souleva avec violence. Ce fut un symptôme pour
Papin ; c'en fut un pour moi. J'en conclus que son
contenu était cuit à point. Je n'en fus nullement
surpris. Ce qui m'étonna davantage, c'est que la
popote ne fut point trop décriée. Elle fut appréciée

absolument comme si elle avait été faite d'après les principes les plus sévères de la *Cuisinière bourgeoise.*

Notre cuisine était généralement peu variée, et sa préparation n'exigeait pas des connaissances bien approfondies. Parfois, pourtant, l'ordinaire s'enrichissait d'un plat essentiellement obsidional. *Horresco referens!* Nous nous livrions volontiers à la cynophagie. Il en est cependant parmi nous qui ne partagèrent jamais cette abominable passion et qui professaient à cet égard les préjugés qui furent longtemps répandus à l'égard de la viande du cheval et que la nécessité a bien évanouis. Ils représentaient la minorité, car en ce temps de rationnement, tout ce qui pouvait contribuer à augmenter l'ordinaire quotidien était généralement bien accueilli ; et si même il était permis de faire un peu d'esthétique à propos d'une chose qui en est si indigne, nous dirions que les épagneuls, les griffons et les lou-lous, tous animaux à longs poils, sont incomparablement supérieurs, au point de vue comestible, à tous leurs semblables à poil ras : leur viande rappelle, à s'y méprendre, celle du mouton.

Dans de telles circonstances, nous ajoutions au luxe de notre table un gâteau de riz glacé au café ou au chocolat. La rigueur de la saison permettait d'établir cet entremet d'une façon économique. Il n'y avait qu'à le laisser passer la nuit sur le bord extérieur de la fenêtre.

.˙.

En ce temps-là, arriva le 1ᵉʳ janvier de l'année
1871. Vers une heure du matin, des feux de peloton se firent entendre sur les bords de la Marne, à
l'extrémité de la presqu'île. En toute autre circonstance on eut pu croire à une simple mani-
festation bruyante en l'honneur de la nouvelle
année ; il n'en était rien cette fois. La fusillade
dont le bruit venait jusqu'à nous, semblait fort
sincère. Nous prîmes aussitôt les armes et nous
portâmes vivement dans la direction du combat.
Mais ce bel élan fut aussitôt réprimé ; la fusillade
avait cessé et nous revînmes piteusement former
les faisceaux dans les rues du village du Parc,
maugréant après cette alerte qui avait interrompu
notre sommeil et commencé l'année d'une façon si
intempestive.

Le soir, j'écrivis des lettres pour la province ;
le vaguemestre les emporta à Paris et elles parti-
rent par ballon monté. Je sus depuis qu'elles arri-
vèrent à leur destination.

.˙.

Le lendemain, 2 janvier, je prends la « garde
du colonel. » On appelait ainsi le « poste de po-

lice, » parce qu'il fournissait entre autres un fac-
tionnaire à la porte du domicile du lieutenant-
colonel. Ce poste était composé de treize hommes
commandés par un sergent. Je montai plusieurs
factions devant la maison du colonel. C'était un
va-et-vient continuel de soldats, de sous-officiers
et d'officiers subalternes ou supérieurs, et je n'é-
tais occupé qu'à exécuter des mouvements d'armes
comme si j'avais été en face d'un caporal instruc-
teur, à l'école du soldat. Devant les uns, je recti-
fiais ma position, l'arme au bras ou au pied ; à
ceux-ci je portais les armes, à ceux-là je les présen-
tais. Le capitaine de la première compagnie demeurait à deux pas ; c'était un brave et honnête garçon
de magasin de la rue de Richelieu, que j'avais souvent vu le matin frottant sa boutique. Il entrait à
tout propos chez le colonel et passait avec affecta-
tion devant moi pour avoir la satisfaction de se
faire porter les armes. Il faut être juste, il me
rendait le salut.

Aujourd'hui, la proposition est retournée : c'est
lui qui le donne. Ainsi vont les choses, et tout est
pour le mieux dans le meilleur des mondes.

*
* *

Le 4 janvier, à la tombée de la nuit, la compagnie se rend de nouveau aux avant-postes. La neige

qui couvre la terre cache les chemins, et c'est à travers champs que marchent nos rangs. La Marne charrie de lourds et épais glaçons, et la surveillance sur ses bords est d'autant plus active que ces radeaux de glace peuvent, en se rapprochant, livrer un passage à l'ennemi. Le bombardement continue. La redoute voisine de *Saint-Maur* est l'objectif principal des obus. La situation des troupes cantonnées dans la Boucle, sans abris casematés, devient difficile.

La nuit pourtant se passe sans encombre.

.*.

Le lendemain, le colonel reçoit l'ordre d'évacuer la presqu'île. Nous attendons la nuit pour exécuter ce mouvement de retraite, afin d'échapper aux feux de l'ennemi. A cinq heures, le régiment s'ébranle, traverse de nouveau S.-Maur-les-Fossés, Joinville-le-Pont, et débouche sur le plateau de Vincennes par la route qui longe les redoutes de la Gravelle et de la Faisanderie. Cette route, couverte de neige, était entièrement dans les vues de l'ennemi. Malgré la nuit, il apprécia qu'elle était couverte de monde et dirigea des projectiles dans notre direction. Mais le gros de la colonne était déjà sur le plateau et les convois seuls furent légèrement atteints.

Nous dépassâmes le plateau de Vincennes au milieu d'une violente bourrasque et à travers des flaques remplies d'eau et de neige, et franchîmes bientôt les portes de la Ville toujours investie, mais encore orgueilleuse et confiante.

Notre deuxième séjour aux avant-postes était terminé et nous ne devions plus sortir que pour assister à la bataille de Montretout.

Paris subissait en ce moment, de la part de ses assiégeants, un bombardement furieux et continu. La population en supportait les effets avec une fermeté et une énergie dont l'antiquité, si féconde en traits de stoïcisme, a peine à donner de plus beaux exemples.

Ces démonstrations « psychologiques » n'avancèrent point d'un seul jour la capitulation. Elles n'étaient pas nécessaires et ne furent qu'inhumaines.

***

La paix universelle est une chimère que caressent les idéologues. L'humanité est imparfaite. Les rois luttent entr'eux, puis les peuples et enfin les races. La guerre est une nécessité cruelle que justifient le souci de la conservation et l'état de la légitime défense. Le progrès actuel n'est pas assez puissant pour la supprimer entièrement, mais notre civilisation est assez avancée pour en déterminer les usages généraux. La guerre doit être aujourd'hui loyale et franche, et c'est en violer les lois que de diriger un bombardement impitoyable contre une population toute entière, sans distinction de sexes ou de conditions.

Il peut être permis de bombarder sans pitié ni merci une place forte, une citadelle, des retranchements occupés par une garnison toute militaire. Ce sont des soldats dans les deux camps : la lutte est égale.

Œil pour œil! dent pour dent! C'est bien! Hommes contre hommes!

Mais s'attaquer à des hôpitaux, à des malades, à des femmes inoffensives, à des enfants sans résistance, cela est stupide et lâche. La gloire acquise à un tel prix laisse aux mains du vainqueur la tache de sang de lady Macbeth.

Et c'est quand la lutte revêt un tel caractère de sauvagerie que Victor Hugo a pu dire :

La guerre est une pourpre ou le meurtre se drape.

SIÉGE DE PARIS.

LA GARDE NATIONALE DEVANT L'ENNEMI.

SENSATIONS D'UN BLESSÉ.

I.

Fluctuat.... nec mergitur.
(Devise des armes de Paris).

Les derniers jours du siége. — Physionomie de Paris. — Suprêmes convulsions. — Honneur et Patrie! — Psychologie obsidionale. — Conjonctures douloureuses. — Portraits. — Folie et désespoir. — Montretout-Buzenval.

Nous arrivons à la bataille de Montretout-Buzenval, qui fut le dernier et suprême effort tenté par la Défense, pour rompre les lignes d'investissement.

Le siége était à sa période aiguë. La ville, morne. Plus de gaz dans les rues le soir; plus de lumières dans les magasins. Plus de circulation le jour, plus d'animation, plus de mouvement. Le pain dont l'analyse était un problème se raréfiait de jour en jour, et les portions de cheval devenaient de plus en plus infinitésimales. Seules, les queues aux boucheries et aux boulangeries s'allongeaient en même temps que les rations diminuaient. Toute cette foule d'hommes, de femmes et d'enfants attendant de longues heures, par toutes les températures, une si maigre chère, présentait un spectacle affligeant et mélancolique. Avec cela pas un cri, pas une plainte. L'ordre parfait. Et c'est une chose digne de remarque de voir à quel point cette population parisienne, de complexion si turbulente et d'humeur si farouche, est capable en certains cas, de soumission, de patience et de résignation.

Le bombardement tonnait avec fureur autour de la ville.

Saint-Denis, notre rempart du nord, fléchissait presque sous les coups redoublés des canons de l'ennemi. Les forts du sud étaient couverts d'obus. Montrouge et Issy n'étaient plus qu'une ruine.

⁂

La situation était grave. Il fallait aviser, agir, prendre un parti. La Défense nationale avait jusque là fait de nobles efforts, accompli de grandes choses,

mais elle avait trop temporisé. De longues journées
s'étaient écoulées dans l'inaction. La durée de la
résistance était maintenant comptée. Cependant
l'honneur de la ville défendait qu'on mît bas les
armes sans essayer encore la fortune d'une dernière
rencontre.

*
* *

Les sentiments de l'opinion étaient divisés.

Chez les uns, les malheurs du pays, la longue
durée du siége, l'espoir d'un retour de la victoire,
avaient développé et surexcité le patriotisme à un
degré surnaturel et presque maladif. Ce patriotisme
n'était point, il s'en faut, toujours réfléchi. Il se
traduisait par une grande exaltation et par un désir
fiévreux de lutte et de résistance à outrance. Une
grande partie de la garde nationale se trouvait sous
l'influence de cet état. Elle voulait agir. Toute
cette poudre qu'on brûlait autour d'elle l'avait
grisée. Elle semblait humiliée de ne pouvoir
prendre part aux combats dont l'écho venait jusqu'à elle,

> Semblable au forgeron qui, préparant des armes,
> Avide des exploits qu'il ne partage pas,
> Siffle un air belliqueux et rêve les combats.

Chez les autres, la même situation avait produit
des effets tout opposés. Les privations, les soucis,

la lassitude, avaient énervé leur patriotisme, affaibli leur énergie, abattu leur courage. Ces dispositions avaient particulièrement envahi l'armée qui, décimée, épuisée, vaincue, donnait ainsi l'exemple du découragement et de la démoralisation. Quelques-uns de ses chefs présentaient les mêmes défaillances. Et c'étaient les hommes dont c'est spécialement la condition de faire la guerre, qui avaient à ce moment le plus de répugnance à la continuer. Il serait outrecuidant de les en blâmer aujourd'hui ; car leur situation d'alors leur permettait sans nul doute d'apprécier mieux que qui que ce fût, l'opportunité d'une plus longue résistance.

Les esprits calmes envisageaient la capitulation de la ville comme une échéance fatidique qu'aucun pouvoir ne saurait proroger. Ils avaient suivi les phases de cette héroïque tragédie et ne s'en dissimulaient pas le dénouement. Ils avaient vu les difficultés du pouvoir, le dévouement de tous ceux qui collaboraient à la défense, le courage des uns, l'abnégation des autres, la bonne volonté et l'esprit de sacrifice de tous, mais ils avaient vu aussi les erreurs d'en haut et les fautes d'en bas, l'irrésolution des chefs et la démoralisation des soldats, la division des premiers et l'indiscipline des seconds, le défaut de confiance, après tant d'épreuves, de ceux-ci en ceux-là, et réciproquement.

Ils savaient que le gouverneur de Paris était un orateur abondant, un éloquent rhéteur, un écrivain militaire distingué, un philosophe doux et humain, ayant horreur du sang répandu, s'inclinant devant une sorte de fatalisme qui lui faisait plutôt rechercher l'accomplissement platonique du devoir que l'avénement du succès, et non un soldat ayant les qualités qui distinguent le chef d'armée, l'homme de guerre : la volonté, la fermeté, l'audace, l'énergie, le coup d'œil, l'exécution, la confiance en lui, la foi en tous. Mais au lieu de cela, un paladin chevaleresque taxant le siége dont il était le premier défenseur *« d'héroïque folie, »* et la journée de Montretout qu'il dirigea en personne *« d'acte de désespoir; »* un mystique, se reposant volontiers sur la Providence pour rompre le blocus ou faire lever le siége et attendant d'elle quelque intervention surnaturelle comme une nouvelle Jeanne d'Arc ou les trompettes de l'Ecriture.

A la vérité, ils avaient vu le vaillant général Ducrot à l'œuvre et savaient qu'on pouvait compter sur sa valeur. Mais il n'était pas au premier rang. De plus il professait à l'égard des idées modernes, de la population parisienne, des hommes du Gouvernement et de la garde nationale, une aversion qu'il ne put jamais surmonter.

Ils n'ignoraient pas aussi que la masse flottante et houleuse de cette garde nationale mise sur le pied de guerre, formait une force numérique imposante, pleine de bonnes volontés ; mais que par suite d'une organisation insuffisante, réduite à l'unité de régiment sans cadres de brigades et de divisions, elle ne présentait qu'un ensemble confus et désordonné et au lieu de constituer un appoint utile à la défense, produisait plutôt un *impedimentum* embarrassant.

Quoi qu'il en soit, il ne pouvait venir à la pensée de personne de rendre la place sans épuiser les derniers moyens de combattre. Les membres du Gouvernement parvinrent à rallier à leurs dispositions les chefs de corps, et l'affaire de Montretout-Buzenval, à laquelle la garde nationale devait fournir un important contingent, fut résolue.

II.

Et monté sur le faîte.....
(CORNEILLE. *Cinna*, acte II.)

Préparatifs de départ. — Promotion. — Mon bâton de maréchal. — Intendant de la compagnie. — Vicissitudes et déboires. — Les joies de l'abdication. — Les laitues de Dioclétien. — Départ. — Cantonnements de Neuilly. — Veille de l'action.

Le 17 janvier, le régiment reçut l'ordre de se tenir prêt à quitter Paris le lendemain. Chaque homme devait emporter 110 cartouches et des vivres de campagnes pour cinq jours.

Le fourrier de la compagnie se trouvant malade et ne pouvant suivre le régiment, je fus indiqué pour remplir ses fonctions. J'avais déjà, dans mes loisirs de fusilier, collaboré avec le sergent-major aux écritures de la compagnie, et l'avais même souventes-fois suivi, tenant la plume, au rapport quotidien du colonel. Ce zèle pour le bien du service n'avait pas manqué de me signaler à l'attention des chefs et m'avait valu cette faveur si inespérée : Je devins donc caporal-fourrier. J'entrai dans le cadre. Du coup, je franchis la distance qui sépare le soldat de son supérieur, et gravis un des premiers échelons de l'ordre hiérarchique. J'allais posséder en moi une parcelle atomique de la puis= sance militaire et goûter enfin aux joies du commandement. O grandeurs ! Mais cette situation inattendue ne me causa nul vertige, et je continuai nonobstant à considérer mes compagnons de la sixième escouade, non comme des subalternes, mais comme des camarades. On a souvent constaté en temps de guerre des cas foudroyants d'avancement : ce grade fut, quant à moi, mon bâton de maréchal. Et encore, ne devais-je pas jouir longtemps des droits, honneurs et prérogatives y attachés, ainsi qu'on le verra par ce qui va suivre.

Je ne tardai pas d'ailleurs à constater que la dignité dont je venais d'être investi, n'offrait point que les agréments de l'autorité ; à peine en fonctions, il me fallût songer à alimenter, pour le départ, la compagnie, de vivres de toute nature, car le fourrier, si caporal qu'il soit, concentre en lui, dans la sphère de son action, le service des approvisionnements : il est l'intendant de la compagnie. Aspect nouveau du grade qui ne contribua pas peu à m'en donner la plus haute idée !

Je me concertai avec le sergent de semaine qui possédait le contrôle des « hommes » à requérir pour les corvées. Il m'en indiqua une quinzaine et me fournit leurs noms, professions et domiciles.

J'allai chez eux. Plusieurs dormaient, quelques-uns travaillaient, d'autres étaient sortis. Ces citoyens-soldats demeuraient pour la plupart à des altitudes vertigineuses. Je gravis une quantité inappréciable d'étages, sans parler dés entresols qui, chacun sait ça, ne comptent jamais à Paris.

Enfin, après trois heures de laborieuses pérégrinations, harassé, le front en sueur, je parvins à raccoler cinq ou six fusiliers de bonne volonté que j'emmenai avec moi à la manutention du quai de Billy.

Je « touchai » de l'intendance nos fournitures de vivres, les fis charger sur une voiture réquisitionnée à cet effet et conduire chez le capitaine où la distribution en fut faite le soir même aux caporaux.

Si, à cet instant, l'on eut mis mes galons aux enchères, je les eusse volontiers donnés au moins offrant et premier enchérisseur.

Je commençais à croire que la jouissance de quitter une dignité pouvait être aussi vive que celle de l'occuper ; et je m'imaginai dès lors aisément la satisfaction que dût éprouver Dioclétien à retourner à ses laitues. Comme Auguste, *j'aspirais à descendre.*

Le poète a dit vrai :

L'ambition déplaît quand elle est assouvie.

⁎

Le lendemain, 18 janvier, à onze heures du matin, le régiment au complet se mit en marche et prit la direction des Champs-Elysées. L'avenue était couverte de troupes de toutes armes : ligne, mobile, garde nationale, génie, artillerie. Vers la place de la Concorde le régiment s'arrêta l'arme au pied pendant plus de deux heures avant de pouvoir prendre son rang dans cette multitude armée. Malgré l'étendue et la largeur de l'avenue, cette masse d'hommes était si compacte, et la marche par suite si lente et si pénible que nous ne franchîmes la porte Maillot et ne parvînmes à Neuilly que vers cinq heures. Nous prîmes nos cantonnements pour la nuit dans les délicieuses villas qui bordent les allées de ce charmant village.

⁎

Jusque-là, nous étions dans une complète ignorance des événements qui allaient s'accomplir. Mais une telle concentration de troupes dans les cantonnements que nous occupions ne permettait pas de douter qu'une grande opération militaire ne fût sur le point d'être entreprise. Chacun se demandait quand aurait lieu l'action? Sur quel point de l'investissement elle allait porter? Quel officier la dirigerait? Dans quelles proportions nous y serions mêlés? Questions toutes ardemment agitées mais que l'incertitude commune ne permettait point de résoudre.

Dans la soirée le colonel fut mandé chez le général sous les ordres duquel nous étions placés et reçut des instructions pour le lendemain.

Plus tard le colonel réunit à son tour les officiers du régiment et leur donna ses ordres.

Nous fûmes alors fixés : Nous apprîmes que le lendemain, à l'aube, une grande attaque à laquelle nous devions prendre part, serait dirigée sur les positions avancées qui protégeaient Versailles, le quartier général de l'armée allemande.

Quelques heures nous séparaient à peine du signal de cette attaque. Chacun les employa au sommeil, où et comme il put.

III.

Pro patriâ ! Pro focis !

Topographie. — Dispositif du combat. — Les colonnes d'attaque. — Nos forces. — Le champ de bataille. — Le sergent Priam. — Nos officiers. — Mon « cher maître. » — Fidus Achates. — Blessé.

En avant du Mont-Valérien, depuis Montretout, au-dessus de Saint-Cloud, jusqu'à la Seine, entre la Malmaison et Bougival, et sur une étendue de six kilomètres environ, se développe une série de hauteurs fermant la presqu'île dite de Gennevilliers et présentant des défenses naturelles et nombreuses. L'ennemi y avait établi ses avant-postes et la première ligne de ses travaux protégeant Versailles. Cette ligne s'appuyait fortement sur divers ouvrages, notamment sur la redoute de Montretout, abandonnée inachevée aux coalisés allemands lors de l'investissement et que ceux-ci avaient retournée contre nous ; sur des tranchées en forme de redan, sur des batteries fortifiées et sur le mur crénelé du parc de Buzenval, longeant la crête des hauteurs.

Au-delà de ces premières positions l'ennemi pour mettre Versailles à l'abri de toute surprise, avait complété ses travaux par deux autres lignes garnies d'ouvrages défensifs plus solides et plus importants.

Le but de l'entreprise semblait donc être, d'après les conditions du terrain et la vraisemblance des choses, de s'emparer des premières hauteurs, d'aborder de front ou de tourner par la droite les deux autres lignes de défenses, de faire gagner à notre armée le plateau de Bougival, pour y livrer bataille à l'ennemi, s'il s'y montrait, et d'inquiéter Versailles par la gauche. Simples conjectures, car l'action n'ayant porté que sur la première ligne, on ne peut aujourd'hui, à l'égard des mouvements à exécuter au-delà, que se livrer à des hypothèses.

*
* *

L'armée de sortie était divisée en trois colonnes principales formant ensemble un effectif de 84,350 hommes, dans lequel la garde nationale entrait pour une proportion de 34,200 hommes.

L'aile gauche, forte de 22,250 combattants, était commandée par le général Vinoy, chef de la troisième armée, qui avait sous ses ordres quatre régiments de ligne, neuf bataillons de mobiles et cinq régiments de Paris (garde nationale mobilisée). Son objectif était Saint-Cloud et la redoute de Montretout.

7

Le centre était commandé par un officier de l'armée du général Ducrot, le général de division de Bellemare. Il comptait 34,600 hommes, comprenant cinq régiments de ligne, dix-sept bataillons de mobiles et huit régiments de Paris, et devait attaquer en trois colonnes : La colonne de gauche, dirigée par le général Valentin, devait marcher sur la maison de la Guette, à droite de Montretout ; la colonne du centre, commandée par le général Fournés, devait atteindre le plateau entre la maison de la Guette et les murs de Buzenval, et celle de droite, commandée par le colonel Colonieu, devait aborder le côté gauche du parc de Buzenval.

L'aile droite de notre ligne de bataille était placée sous les ordres du général Ducrot, chef de la deuxième armée, qui réunissait sous son commandement 27,500 hommes de troupes (dix régiments de ligne, six bataillons de mobiles et six régiments de Paris). Ses objectifs étaient le château de Buzenval, le Val de la Jonchère, la Porte du Long-Boyau et le Ravin de San-Cucufa.

M. Trochu, gouverneur de Paris, dirigeait en personne l'ensemble des opérations.

Tel était sommairement le dispositif de la journée, ainsi que l'état des forces que nous allions engager.

A deux heures du matin, le régiment est sous les
armes, aligné dans les avenues de Neuilly. La nuit
est brumeuse et profonde. A trois heures, nous
quittons nos cantonnements.

Le signal de l'attaque devait être donné à six
heures, par trois coups de canon précipités, tirés
du Mont-Valérien. Mais les troupes, retardées dans
leur marche par une circulation difficile à travers
les nombreuses barricades qui coupent partout les
chemins et arrêtées en maints endroits par de longues files d'artillerie suivant des directions con-
traires ou par des colonnes égarées au milieu d'une
nuit exceptionnellement obscure, n'avançaient que
lentement et péniblement. Ces circonstances firent
différer le moment de l'action dont le signal ne put
être donné qu'à sept heures. Aussitôt le sommet
des hauteurs se couvrit du feu de nos tirailleurs et
le combat s'engagea au centre et à gauche.

Le régiment suivait à grand'peine, pour arriver
sur le champ de bataille, la route commençant au
rond-point de Courbevoie et le chemin contournant
les flancs du Mont-Valérien. Après avoir dépassé

la redoute du Moulin des Gibets, la bataille déjà engagée nous apparut dans toute son étendue. Le regard embrassait l'espace entre Montretout et la Jonchère. Buzenval était devant nous. Le colonel, d'une voix éclatante, élevant en l'air son épée, mit le régiment par bataillons en colonnes et commanda le pas gymnastique. Nous dépassâmes vivement la ferme de la Fouilleuse et abordâmes les pentes.

Une pluie fine et pénétrante tombait sans répit. Le sol était visqueux. L'artillerie s'embourbait et faisait des efforts inouïs pour gravir la montée. Pas un canon ne put atteindre le plateau.

Le feu se développait avec vivacité sur la ligne entière. La fusillade crépitait de tous côtés. C'étaient partout des nuages de poudre et de fumée. L'ennemi commençait à recevoir des renforts et exécutait des mouvements offensifs sur les positions que nous occupions déjà. Il établissait ses batteries et jetait la mitraille sur toutes nos colonnes. Autour de nous, les obus, pressés et nombreux, tombaient, éclataient, semant la mort et la confusion dans les rangs. C'était peine perdue de se baisser pour éviter leurs coups. En tous sens, de tous points, les projectiles sifflaient, se croisaient, déchiraient l'air.

Les chevaux de l'artillerie étaient frappés en plein poitrail ; nos batteries démontées avant de pouvoir prendre position. Les caissons volaient en éclats. De ci, de là, des hommes foudroyés tombaient, mordant à jamais la terre ; les blessés, hors de combat, se retiraient en arrière....

Je marchais en serre-file, le fanion au bout du fusil, ayant à mes côtés le sergent Priam, un honnête et inoffensif fabricant de fleurs artificielles de la rue Monsigny. Chacun, autour de nous, faisait bonne contenance. Pas un traînard et tous debout. La colonne exécutait, au milieu du feu, ses divers mouvements avec une régularité parfaite. Dans le peloton, les hommes de droite, grands et forts, allongeant d'immenses enjambées, portant allègrement leurs sacs, étaient toujours un peu en avant ; à gauche, au contraire, les fusiliers, petits de taille, pliant sous le faix, empétrés dans la boue, pressant en vain leurs pas, avaient peine à suivre : le sergent-major les animait de la voix et du geste.

Je vois encore le colonel, à pied, devant les rangs, grave et droit, regardant le feu avec sang-froid, donnant les commandements d'une voix brève ; à ses côtés, l'adjudant-major du bataillon, un vieil officier de l'armée, soldat accompli, portant bravement sa croix d'honneur et les médailles de ses campagnes sous un immense caban gris ;

notre chirurgien, se multipliant, allant partout, offrant à tous ses services, exposé au feu meurtrier comme le plus humble des combattants.

Non loin de moi, le sous-lieutenant de la compagnie, mon « cher maître, » la face couverte, comme un avocat en vacances, d'une longue barbe blonde et inculte, avait insoucieusement arboré son binocle, et sans souci des obus ou des balles, regardait curieusement le combat; devant moi, mon fidèle Achate, l'ami Finster, de la sixième escouade, un véritable enfant de Paris, chétif, sceptique et gouailleur, accablé sous le poids d'un sac de proportions gigantesques, marchait quand même avec crânerie....

A cet instant, je me sentis frappé à la tête. Une immense chaleur me monta au visage. Un flot de sang jaillit.

Mon fusil avec le fanion s'échappa de mes mains. Je chancelai....

Et lentement, lourdement, en arrière, je tombai....

IV.

Pate, non dolet !
(Selectæ è profanis).

De la Fouilleuse à l'hôpital Saint-Antoine : trajet en huit heures et demie. — Puteaux : cinq minutes d'arrêt. — Baujon : une heure d'attente. — L'interrogatoire. — Cauchemar ! — N° 25.

Je me sentis bientôt soulevé par les épaules. J'ouvris les yeux et vis nos rangs s'éloigner. Je ne pouvais songer à les suivre : une longue traînée de sang rougissait ma capote ; toutes mes forces m'abandonnaient. Je pus cependant me tenir debout, et, appuyé sur le bras d'un camarade, je me retirai en arrière, descendis la côte, et parvins, malgré les projectiles, à la ferme de la Fouilleuse, où se trouvaient établies les plus proches ambulances. J'arrivai à bout d'énergie. On me coucha sur un brancard ; la fièvre me prit aussitôt ; j'étais glacé dans tous mes membres ; les brancardiers me couvrirent de couvertures.

Tous les efforts de résistance et tous les éléments de surexcitation qui m'avaient fait surmonter jusque-là les fatigues des jours précédents, le défaut de repos, l'insomnie, l'indigence de la nourriture, la longue marche de la journée, se détendirent et s'affaissèrent en moi brusquement : je tombai dans un état absolu de prostration et d'abattement. Je ne songeai guère à ce moment à apprécier mon état ni à me rendre compte de ma blessure. J'avais reçu sur la tête comme un violent coup de poing ou plutôt de massue. Rien de plus. C'était un éclat d'obus qui, me déchirant la joue gauche depuis la lèvre supérieure jusqu'à l'oreille, m'avait brisé quelques dents, ébranlé la mâchoire et mis l'intérieur de la bouche à nu. La plaie était béante. Je ne ressentais pourtant rien et pouvais presque dire, en paraphrasant le mot du stoïcien : Blessure, tu n'es pas un mal ! Mais la fièvre, le froid et la perte de sang m'accablaient.

Je vis courir à moi le brave chirurgien du bataillon à qui peut-être, en cette circonstance, je dois la vie et qui a droit désormais à mon entière reconnaissance. Il regarda ma blessure, lava la plaie, rapprocha les chairs, pausa le tout, ranima ma confiance, me tendit la main et partit multiplier ailleurs son courageux office.

Ces premiers soins arrêtèrent l'épanchement du sang, mais ne calmèrent point la fièvre. Mes dents claquaient. Je ne pouvais parler. Ma face était sans doute blême et livide, car un brancardier dit en me regardant :

— Il va passer !

J'entendis ce mot. Il est dramatique. Mon sang se figea : puis, j'éprouvai des battements précipités au cœur et aux tempes. Et aujourd'hui encore je ne puis songer sans frissonnements, à ce sinistre horoscope.

***

Des blessés arrivaient de tous côtés. Les brancardiers décidèrent de me trausporter sur la route de Rueil, où s'avançaient des voitures d'ambulance dans l'une desquelles je pourrais prendre place pour être conduit à Paris.

Les mouvements du brancard au travers des vignes, par dessus les fossés, me furent pénibles. Nous atteignîmes la route. On me plaça sur le bord. Je demandai l'heure : il était environ une heure de l'après-midi.

On voyait en effet de nombreuses voitures pleines de blessés. La route était de plus encombrée de canons, de caissons, de chevaux et d'hommes de toutes armes.

Une splendide voiture portant un immense drapeau de la convention de Genève, magnifiquement attelée, précédée de piqueurs et d'aumôniers à cheval, vint à passer. Mes brancardiers lui firent signe :

— Qu'est-ce que c'est ? dit le conducteur.

— Un « garde national. »

— Nous ne prenons pas de gardes nationaux ?
répliqua-t-il.

Et il fouetta ses chevaux.

Les brancardiers haussèrent les épaules. Plusieurs
d'entre eux appartenaient à la société parisienne
la plus considérée et la plus intelligente. Animés
d'un dévouement d'autant meilleur qu'il est plus
modeste et moins brillant, ils allaient recueillir les
blessés jusque sous les balles et au milieu des obus ;
et ils ne pouvaient s'empêcher de sourire en voyant
de quelle façon pleine de faste et d'ostentation s'e-
xerçaient jusque sur le champ de bataille, certaines
charités plus soucieuses de renommée et d'éclat
que de véritable et libérale philanthropie. Quelle
mesquinerie de sentiments en effet chez ceux-là qui
venaient trier, sur le lieu même du combat, les
moribonds les plus dignes de recevoir les grâces de
leurs bienfaits !

Arriva bientôt une autre voiture : une simple
voiture de l'Assistance publique disposée pour recevoir six blessés. La sixième place était inoccupée.
Elle me fut octroyée sans examen préalable.

Ce véhicule comprenait six banquettes horizon-
tales, six compartiments se maniant comme les

tiroirs d'une commode, trois en haut, trois en bas. Je fus placé dans le tiroir gauche du haut.

— Complet, dit le cocher.

A partir de cet instant mes idées devinrent confuses. Je tombai dans une noire torpeur.

Le casier où je me trouvais était tellement étroit que je ne pouvais faire de mouvements dans aucun sens. La position que j'avais adoptée était fort gênante ; je ne pouvais la changer. Mon pansement, par suite des soubresauts de la voiture, tombait petit à petit ; le sang coulait de nouveau.

La voiture suivait son chemin à travers les barricades et les routes défoncées ; et ses lourds cahots arrachaient des plaintes aiguës à mes compagnons de ce triste voyage, dont quelques-uns, à en juger par leurs douleurs, subissaient une poignante agonie. Je n'en voyais aucun et ne savais à quelle arme ils appartenaient. Mais tous semblaient souffrir cruellement, demandant à boire et appelant leur mère.

La voiture s'arrêta. Je soulevai le rideau et vis que nous nous trouvions sur les bords de la Seine, dans la cour de la mairie de Puteaux, où une ambulance paraissait être établie. Un drapeau blanc à la croix rouge flottait à côté du drapeau tricolore.

Je poussai un soupir de soulagement, pensant que cette ambulance allait nous recueillir. Il n'en fut rien. La voiture ne s'arrêta que pour déposer le corps d'un de nos compagnons qui, pendant le trajet, avait rendu le dernier soupir. Mon regard tomba sur lui. Il était affreusement mutilé. C'était un jeune sergent de mobiles.

Notre voiture ainsi allégée se remit en marche et prit la direction de Paris.

Nous suivîmes l'avenue de Neuilly. Les abords de la porte Maillot étaient tellement encombrés que nous n'avancions qu'avec une lenteur désespérante. J'entendais toujours autour de moi des gémissements, des plaintes étouffées. J'étais, pour mon compte, dévoré d'une soif ardente. La nuit était venue. Il était environ cinq heures du soir. Nous contournâmes enfin la demi-lune de la porte Maillot, franchîmes le pont-levis, et ne tardâmes pas à nous trouver devant l'hôpital Baujon, en haut du faubourg Saint-Honoré.

La perspective de toucher au terme de cette déjà longue épreuve m'apporta un vif apaisement. Mais l'affluence des voitures était telle qu'elles étaient obligées pour entrer dans la cour de l'hôpital de prendre la file, comme à une représention de gala ou à un retour de courses. Notre attente fut longue. Elle dura plus d'une heure. Ce fut pour moi l'instant le plus cruel de la journée. Toucher au port et ne pouvoir y atterrer ! J'étais consumé d'impatience. Enfin les portes s'ouvrirent devant nous. Nous pénétrâmes dans une assez grande cour. On mit nos cinq compartiments à terre. Un interne de l'hôpital, le chef couvert de la calotte de velours traditionnelle, accompagné d'un infirmier portant une lumière, se pencha et examina rapidement chacun de nous. Il fit mettre de côté deux de nos camarades qu'il ordonna de transporter dans une des salles de l'hôpital. Quant à moi et à mes deux derniers compagnons, il nous fit recharger dans la voiture et donna au conducteur un bon d'admission pour l'hôpital Saint-Antoine, à l'antipode de Paris.

Ce dernier coup m'accabla. Je me sentis fléchir. Une sorte de désespoir m'envahit.

⁎⁎⁎

Nous arrivâmes à l'hôpital Saint-Antoine à neuf heures et demie du soir. Le conducteur m'aida à descendre, me guida et me fit asseoir dans une petite salle basse ou un plumitif, derrière un grillage, écrivait, tenait des livres. Ce fonctionnaire ne parut point se douter que je fusse venu là pour le soin d'une blessure : il me demanda méthodiquement le numéro de mon bataillon, de mon régiment, mes nom, prénoms, profession, domicile, le lieu et la date de ma naissance.... J'étais atterré ! Je me crus sous le poids d'un affreux cauchemar. Cette salle, ce bureau, ce personnage, ces papiers, ce sang, cet interrogatoire ! Je devins stupide. A quoi pensai-je ? Je ne sais. Ma tête tourna. Je me vis un instant, non à l'hôpital, mais dans un bureau de police, devant un juge…. Je chassai violemment cette hallucination. Je pouvais à peine répondre, articuler les mots, tant mes dents, heurtées par le coup, étaient serrées les unes contre les autres, Mon signalement bien pris, mon identité parfaitement établie, je fus dirigé salle Saint-J…., n° 25. Je traversai la cour avec un infirmier, montai un étage, suivis de longs couloirs et pénétrai dans une salle profonde et étroite, ayant une seule rangée de lits et éclairée par des veilleuses placées de distance en distance. J'entrai non sans une certaine émotion : l'émotion inséparable d'un début. Pour la première fois de ma vie je franchissais le seuil d'une salle d'hôpital. L'odeur était fade et suffocante ; quelques malades, aux yeux caves, au visage mat, se soulevaient pour me voir passer et regardaient avec compassion mes « Godillots » et mon pantalon boueux, ma longue capote maculée de sang….

J'arrivai au n° 25.

L'infirmier m'aida à me débarrasser de mon équipement. Il emporta mon ceinturon et mes cartouches.

A peine étendu sur mon « lit de douleur » (sans hyperbole), toutes les circonstances de cette journée se présentèrent rapidement à mon esprit. La longue marche du matin, le combat, les obus, la voiture d'ambulance : tout se réfléchit en ma pensée. Je croyais être sous l'empire d'un mauvais rêve que je continuai malgré moi une partie de la nuit en passant sans transition de la veille dans le sommeil.

V.

A l'hôpital, sur le champ de bataille,
Chair à scalpel, chair à canon......
(H. Moreau. *Myosotis*).

*La langue verte de l'armée. — Les « sang-impurs, » les
« à-outrance, » les « troueurs. » — La visite. — Mon
voisin le Bavarois. — Un ennemi comme il faut. — La
pourriture d'hôpital. — Echos de Montretout. — Je suis
« évacué. » — A l'ambulance.*

A mon réveil, le jour était paru depuis longtemps.
Mes voisins, levés déjà, allaient et venaient dans la
salle. C'étaient pour la plupart des blessés des précédents combats. Ils s'avancèrent auprès de moi :

— Où as-tu attrapé ça ? me dit l'un d'eux avec
cette familiarité particulière aux soldats.

— A Montretout, hier ; lui répondis-je.

— Ah oui ! les « sang-impurs » se sont crâne-
ment battus à ce qu'il paraît ?

— J'en suis un , lui dis-je.

Il me regarda avec curiosité.

« Sang-impurs » était un des vocables pittores-
ques et imagés qu'employait volontiers l'armée
pour désigner sans distinction tous les mobilisés
de la garde nationale dont certains bataillons arri-

vaient aux avant-postes en chantant la *Marseillaise* et en scandant, au milieu du refrain, ces deux mots, avec une liaison emphatiquement aspirée ; les zouaves les avaient surnommés les « troueurs, » en souvenir des croisades que beaucoup de « sang-impurs » entreprenaient dans les clubs ou ailleurs, demandant à tous propos des « sorties en masse » pour « faire la trouée. » D'autres les nommaient, par un trope audacieux, les « à-outrance, » parce qu'ils personnifiaient, à tort ou à raison, aux yeux de beaucoup de gens, la « résistance à outrance; » ou encore, les « trente-sols, » par allusion à leur opulente subvention.

*
* *

Une sœur de charité pénétra lentement dans la salle. Arrivée en face de mon lit, elle s'arrêta et lut un morceau de carton qu'elle avait entre les mains. Elle se pencha vers moi et me dit avec intérêt :

— Comment vous appelez-vous ?

Je lui dis mon nom.

Elle consulta sa carte.

— C'est bien cela, dit-elle. Quel numéro avez-vous ?

— Je ne le sais pas exactement.

Elle regarda au pied du lit et me dit :

8

— Vous avez le numéro 25.

— Je vous remercie.

Et elle fixa la carte, en haut du lit, dans un petit cadre à ce destiné.

*
* *

Une certaine rumeur se produisit à l'entrée de la salle, C'était l'heure de la visite du matin. Le chef de service arrivait avec l'interne et les infirmiers. Il ne tarda pas à être auprès de moi. Depuis mon premier et sommaire pansement sur le champ de bataille j'étais demeuré sans soins. Le chirurgien parut regretter qu'on ne m'eût point visité jusque-là. Il me traita avec sollicitude et me recommanda particulièrement à l'infirmier qui, dans le courant de la journée, me fit les pansements selon la formule et m'apporta comme nourriture du riz au gras, un œuf à la coque et du vin pur d'un cru fort éminent.

*
* *

Mon voisin de gauche était un Bavarois, soldat de l'armée allemande, assez grièvement blessé à la jambe et déjà en voie de guérison. Il tenta de lier conversation avec moi, mais mon ignorance de son idiome ne me permit pas de répondre à ses ouvertures. Il m'offrit alors des cigares, que je ne me sentais nullement en goût de fumer, et des gâteaux et bonbons que des dames faisant partie d'un comité de patronage pour le soulagement des prisonniers allemands lui apportaient chaque jour.

Je me fis acheter du papier par l'infirmier et me mis en devoir d'écrire une lettre. Mais je ne savais qu'employer comme pupitre. Le Bavarois, qui suivait tous mes mouvements, comprit mon embarras; il puisa dans son hâvre-sac et me tendit un petit atlas de géographie sur lequel je pus fixer mon papier. J'adressai par gestes expressifs mes sincères remercîments à un si honnête ennemi.

*
* *

Mon état me semblait assez satisfaisant quoique je fisse un peu l'effet de la tête de Méduse à ceux qui m'approchaient. Mais j'avais des répugnances pour le séjour à l'hôpital et mon plus vif désir était de le pouvoir quitter. Hôpital ! ce mot donne froid. D'un autre côté je n'étais point resté assez étranger aux discussions qui s'étaient élevées depuis le commencement du siége sur les conditions hygiéniques les plus favorables au traitement des blessures, pour ne point savoir les ravages qu'exerçaient sur les blessés, dans les hôpitaux, l'excessive agglomération des malades et cette décomposition pestilentielle de l'air qui en était la conséquence et qu'on appelait la « pourriture d'hôpital. »

J'aspirais autour de moi un air fétide, vicié et épais, et voyais les blessés traîner péniblement une convalescence laborieuse : leur teint était jaunâtre, leur chair molle, leurs forces nulles, leur aspect triste.

J'avais au contraire trop entendu applaudir à l'aménagement ingénieux et simple de certaines ambulances qui, par un système intelligent d'aération et de ventilation et au moyen d'un isolement relatif des blessés gravement atteints, avaient obtenu les meilleurs résultats.

Telles étaient, par exemple, les ambulances dites *de la Presse*, les ambulances américaines, et d'autres, établies d'après les données les plus conformes à l'hygiène, au bon sens, au progrès de la chirurgie et à l'expérience.

*
* *

Dans l'après-midi, quelques échos de la bataille de la veille vinrent jusqu'à moi. La journée n'avait produit aucun résultat, au point de vue de la défense ; mais la garde nationale engagée avait, sauf quelques défaillances isolées, donné l'exemple du courage et du dévouement.

Le général Vinoy s'était emparé de Montretout.

Le général Bellemarre, avait occupé le plateau de Garches et s'y était maintenu malgré un violent retour offensif de l'ennemi. Le général Ducrot, qui était entré en ligne avec un assez long retard, avait subi de son côté une vive résistance. Cependant, à la nuit tombante, les objectifs indiqués par le gouverneur étaient atteints, quoique la droite, par suite du retard qu'elle avait éprouvé, n'eût point porté son action aussi loin qu'on l'eût pu désirer.

Mais l'impossibilité de faire monter et d'établir de l'artillerie sur les crêtes, en avait rendu la possession et l'occupation très-précaires. Le gouverneur avait estimé que les troupes « harassées par douze heures de combat et par les marches des jours précédents, » n'étaient pas en état de résister à une attaque imminente de la part de l'ennemi.

La nuit venue, il avait ordonné la retraite et toutes les troupes étaient rentrées dans leurs positions.

Le lendemain, 21 janvier, j'obtins la faveur de quitter l'hôpital, et grâce à une intervention précieuse et active je pus être « évacué » (c'est le mot spécial) à l'ambulance particulière d'un généreux étranger, fort connu à Paris, dont l'amitié et les bienfaits pour la France sont publics et qui exerce encore chaque jour envers notre pays sa constante philanthropie.

J'arrivai à cette ambulance, située au centre de Paris, sur les boulevards, vers deux heures de l'après-midi et ne tardai pas à me féliciter de mon changement. Je remarquai de la part de tout le personnel un empressement qui me parut de bon augure.

L'ambulance comptait vingt-deux lits sans rideaux et était établie sous une vaste tente de toile ; le parquet fixé à cinquante centimètres environ du sol. L'air circulait activement autour, dessus et dessous. Aussi était-il dégagé d'émanations miasmatiques et les conditions hygiéniques de l'ambulance semblaient-elles des plus satisfaisantes.

Le service médical et chirurgical était nombreux, savant et dévoué. Les blessés témoignaient d'une satisfaction et d'un état de santé que je n'avais point remarqués à l'hôpital Saint-Antoine. Ils étaient bruyants, de bonne humeur, malgré la gravité de leurs blessures.

Je demeurai dans cette ambulance jusque vers la fin de février et en sortis presque complètement guéri.

VI.

ÉPILOGUE.

> ...... *Ad eventum festinat.*
> (HORACE. Ars Poët.)

*Rapport du colonel. — Reconnaissance après la bataille. —
Fusillade nocturne. — La dépêche du Gouverneur. — Nos
héros. — Nos morts. — Nos lâches. — Réflexions du
général Vinoy. — Conclusion.*

Le régiment était rentré à Paris dès le 20 janvier. Quelques-uns de mes camarades avaient découvert ma retraite et m'avaient raconté les diverses phases qu'il avait traversées et les marches qu'il avait exécutées.

La fin du combat n'avait point terminé son rôle.

« A huit heures du soir, relatait le colonel dans
« son rapport au général, alors que la bataille
« semblait finie et que déjà la plupart des troupes
« qui avaient monté à l'assaut de Montretout,
« Buzenval, La Jonchère et Long-Boyau se re-
« pliaient, je reçus l'ordre de faire mettre sac au
« dos à mes hommes et de suivre le 135ᵉ de ligne
« qui défilait sur le haut du plateau. Je m'empressai

« d'exécuter cet ordre malgré l'état de fatigue de
« ma troupe. Nous avancions depuis environ une
« demi-heure dans l'obscurité la plus complète
« guidés par un officier d'ordonnance et nous
« venions de dépasser la ferme de la Fouilleuse,
« où était établie une ambulance, lorsqu'à deux
« cents mètres environ de cette ferme, vis-à-vis
« Garches, sur les hauteurs duquel le Mont-
« Valérien envoyait des obus depuis le commen-
« cement de notre marche, une vive fusillade
« accueillit la colonne. Nous nous arrêtâmes un
« moment, surpris par cette attaque imprévue, pour
« continuer bientôt notre mouvement dans le
« même ordre. Au bout de dix minutes, le 135ᵉ
« de ligne nous quitta pour prendre sur la droite,
« et je restai à découvert en avant de mon régi-
« ment attendant le retour de l'officier d'ordon-
« nance qui était allé guider le 135ᵉ de ligne. Ne
« voyant point revenir cet officier, ne distinguant
« pas bien dans la nuit la position que nous occu-
« pions, et ignorant absolument le but de cette
« reconnaissance nocturne je me remis en marche
« à tout hasard. Alors une fusillade plus vive que
« la première et plus rapprochée éclata en face de
« nous ; nous n'eûmes que le temps de nous baisser
« pour éviter cette grêle de balles qui dura dix
« minutes ; et presqu'au même instant les soldats
« du 135ᵉ de ligne, battant en retraite dans l'obs-

« curité, vinrent se jeter sur nous comme une
« avalanche et mettre le désordre dans nos rangs.

« J'eus beaucoup de peine, dans une telle con-
« fusion, à rallier mes hommes et à les ramener
« au lieu de notre dernier campement, où nous
« arrivâmes vers dix heures. Les feux de bivouac
« furent allumés et mon régiment pût enfin prendre
« un peu de repos.

« Le 20 au matin, ordre de retraite générale
« étant arrivé, nous évacuâmes le plateau avec les
« dernières troupes, vers huit heures, et à dix
« heures nous rentrions à nos cantonnements à
« Neuilly. Après une halte de deux heures, je
« repris la route de Paris où je suis rentré à
« quatre heures de l'après-midi. »

Le sentiment public a été sévère pour ceux qui
dirigèrent la journée de Montretout-Buzenval. Il
les a rendus responsables des retards qu'éprou-
vèrent plusieurs divisions, de la confusion des
ordres, des défauts de prévoyance, de la précipi-
tation de la retraite et de toutes les causes qui en
apparence firent échouer l'entreprise. Sans s'asso-
cier entièrement à ces griefs, on peut regretter que
le gouverneur de Paris ait cru devoir prendre lui-
même le commandement supérieur d'une aussi

considérable opération. Ce n'est plus un mystère pour bien des gens, que la lourde tâche qu'il avait assumée sur sa tête le frappa de vertige, qu'il perdit à la fin de la journée tout sang-froid et que le trouble de son esprit se manifesta par cette incompréhensible et terrifiante dépêche dans laquelle il demandait qu'on « parlementât d'urgence, » et qu'on fît venir de « nombreux brancardiers. »

Tout le monde tomba d'accord pour reconnaître que la garde nationale, malgré son inexpérience, s'était présentée au combat avec des dispositions patriotiques.

Les journaux du moment ont raconté les traits nombreux qui l'honorent à jamais.

On sait l'héroïsme de ceux qui comptaient dans ses rangs et qui trouvèrent en cette journée une mort radieuse : Le colonel de Rochebrune, du 19ᵉ régiment de Paris, un des combattants de l'indépendance polonaise ; Henri Regnault, le peintre de la *Salomé*, du 69ᵉ bataillon ; le vieux marquis de Coriolis, du 15ᵉ bataillon, et les autres : Seveste, de la Comédie française ; Gustave Lambert, le hardi voyageur ; Giraud, le peintre...... *et tutti.*

Le rapport général de la journée disait :

« C'est la première fois que l'on a pu voir, réunis
« sur un même champ de bataille, en rase cam-
« pagne, des groupes de citoyens unis à des troupes
« de ligne, marchant contre un ennemi retranché
« dans des positions aussi difficiles ; la garde natio-
« nale de Paris partage avec l'armée l'honneur de
« les avoir abordées avec courage, au prix de
« sacrifices dont le pays lui sera profondément
« reconnaissant. »

Il y eut pourtant des défaillances partielles. Le
général Vinoy les a consignées avec tristesse dans
son livre sur les « Opérations du 13ᵉ corps et de la
troisième armée », en faisant observer qu'elles
s'étaient produites chez des hommes appartenant
aux bataillons de Belleville et autres quartiers
excentriques, qui s'étaient déjà signalés aux avant-
postes par les mêmes marques d'indiscipline et de
faiblesse. « Les bataillons des autres quartiers de
« Paris, observe-t-il en même temps, ont au con-
« traire montré, ce jour-là, devant l'ennemi une
« attitude réellement solide, faisant ainsi honneur,
« par leur conduite, à leur position sociale, et
« prouvant surtout que le vrai courage se déve-
« loppe beaucoup plus dans les milieux où règne
« l'ordre et la régularité que dans ceux où domine
« l'habitude du désordre et des excès. Plusieurs
« morts des plus glorieuses et des traits d'héroïsme
« éclatants conserveront toujours vivante, dans le

« souvenir des habitants de Paris qui faisaient
« alors partie de la garde nationale, la mémoire
« de cette dure journée : les uns y trouveront à la
« fois un exemple et un remords ; les autres y ont
« déjà recueilli un encouragement. »

Le témoignage du général Vinoy n'est point
suspect et ne saurait être taxé d'exagération ou de
complaisance. C'est pour cela que nous l'avons
reproduit.

Plus loin, il dit :

« La journée du 19 janvier ne fut pas aussi
« meurtrière que pouvaient le faire supposer la
« longue durée du combat, la violence du feu de
« l'artillerie ennemie pendant le jour, et la vivacité
« de la fusillade qui termina la bataille. Mais Paris
« tout entier fut frappé d'une profonde et indicible
« stupeur à la lecture d'une dépêche du Gouver-
« neur prescrivant de « *parlementer d'urgence à*
« *Sèvres pour un armistice de deux jours,* » et
« déclarant « *qu'il fallait du temps, des efforts*
« *et beaucoup de brancardiers.* » Cette dépêche,
« non moins alarmante qu'exagérée, devait jeter
« un trouble douloureux dans la population, qui
« avait vu partir pour le combat un grand nombre
« de ses enfants. Cependant le chiffre des hommes
« tués ou blessés ne dépassait pas 3,000, et c'était
« là une perte relativement peu considérable pour
« une lutte où près de 85,000 hommes avaient été
« engagés. »

Nous n'avons rien à ajouter à ces réflexions très-caractéristiques. Elles seront la conclusion de nos récits.

*
* *

La garde nationale a été tour à tour exaltée sans raison ou attaquée sans mesure. Nous avons voulu, pour notre compte, éviter ces deux extrêmes, chercher la vérité, et la dire comme elle nous semblait être, sans passion et sans fard. Ainsi des hommes.

Ce qu'on doit surtout à une nation éprouvée, c'est la vérité et la justice. Elle se corrige en sachant le vrai et s'honore en cherchant le bien ; et c'est faire œuvre déshonnête que lui parler le langage du mensonge, de la haine et des factions.

Il faut ménager l'infortune. Un peuple vaincu n'est point un peuple abattu. Il subit sa défaite sans abdiquer sa valeur. Il laisse dire, il laisse faire. Il sait ce qu'il vaut, ce qui lui manque, ce qu'il lui faut. Il est patient, parce qu'il est « vêtu de force, » suivant la belle image du poète.

Il n'ignore pas que tout vient à point à qui sait attendre, et il partage le sentiment altier du vieux Pierre Lebrun, qui ne fut jamais un énergumène :

Tout peuple est entendu qui veut bien parler haut.

J. MORET.

FIN.